受注を勝ち取るための外資系「提案」の技術

日本人の知らない世界標準メソッド

式町久美子
Kumiko Shikimachi

Proposal
Management

ダイヤモンド社

はじめに

　本書は、提案型コンペや競争入札、提案営業などにおいて、競合に勝つための計画の立て方、顧客との関係のつくり方、提案書の書き方などを解説した「提案で勝つためのプロセスすべてを扱った」提案の教科書です。

　行き当たりばったりでたまたま勝つというのではなく、チームとして、また、組織として持続的に高い勝率を保つ方法や仕組みを紹介します。また手間と時間を要する提案書づくりを効率化するやり方についてもご紹介します。

　例えば、ある会社（A社）が新しいシステムの導入を決定し、ベンダー各社に提案を依頼したとします。依頼されたベンダーは期日までに提案内容を検討し、見積もりを出し、提案書にして提出します。発注者であるA社は提出された提案書を吟味してベンダーを選定します。

　このようなケースで競合に勝って受注を獲得するにはどうしたらよいのでしょうか。

　価格でしょうか。ソリューションの質でしょうか。それとも発注者側企業の担当者との人間関係でしょうか。

　正解はケースバイケースだと思いますが、発注者側の本音の評価基準をつかむことも含めて、提案を依頼される前にいかに準備段階から発注側企業の悩みをつきとめるかが重要です。そこで本書では単に提案書の書き方だけでなく、いかにして発注者側と関係を構築するかについても多くのページを割いて解説します。

　私は日本ヒューレット・パッカード株式会社にて、「プロポーザルセンター（提案センター）」という組織に立ち上げから参画し、提案書作成のマ

ネジメント、提案書づくりに10年以上携わってきました。

「営業やエンジニア、コンサルタントには、お客様とよい関係をつくってもっと価値創造の仕事をしてほしい、常に勝ち続ける組織にしたい、そのための仕組みを考えてほしい」と上司から任命されて以来、どうしたら組織の提案力を高めることができるのかずっと悩んでいました。当時、このような提案書の専門組織は、私の知る限り日本ではほとんど他に例がなく、参考になるお手本もなく、相談できる人もいませんでした。

そんなときに出会ったのが「プロポーザルマネジメント（提案マネジメント）」という分野です。提案活動に従事する専門家のための国際組織「APMP (Association of Proposal Management Professionals)」が、受注を勝ち取る組織に共通する勝ちパターンを「プロポーザルマネジメント」という方法論にまとめ上げ、所属する会員のスキルアップに役立てています。

この本では、APMPでの学びや、その学びを実務で取り入れた経験をもとに、日本では今まで語られることがなかった「プロポーザルマネジメント」を紹介したいと思います。

ここで簡単に本書の構成を紹介しましょう。

第1章ではプロポーザルマネジメントの概要を説明します。ここで全体像をざっくりと押さえてください。

第2章、第3章で解説するのは、提案依頼が来る前にすべきことです。まだ案件が具体化する前から、顧客の悩みをつかみ優位なポジションを得る方法などを紹介します。

第4章は提案書作成の計画の立て方です。「提出期限まであとわずかなのに、計画などを練っている暇はない。一刻も早く提案書を書きたい」と気が急くかもしれませんが、心に刺さる、受注を勝ち取る提案書を効率よくつくるためには「計画」は欠かせないプロセスです。

第5章は勝つ提案書づくりの計画を実行する方法です。質の高い提案書を効率よく作成するための一連の流れを記載しています。

第6章、第7章では、知っておくと役立つ提案書執筆時に使えるテクニックを紹介しています。第6章は主に文章について、第7章は見せ方（ビジュアル）についてです。

　第8章は、提案書提出後のプレゼンテーションや振り返りミーティングについて解説します。受注できてもできなくてもそれっきりにしないことが大切です。今回学んだことを次回に活かすようにしましょう。

　プロポーザルマネジメントは提案に携わるすべての人、提案力を高めたいすべての人に役立つ方法論です。本書を参考にさらにブラッシュアップして、みなさんならではの「勝ちパターン」をつくっていただけたらと思います。また、本書がこれまで提案活動に困ってこられた営業担当者・エンジニアの方の一助となれば幸いです。

目次
受注を勝ち取るための外資系「提案」の技術

はじめに　i

CHAPTER 1　欧米流の提案メソッド「プロポーザルマネジメント」とは　1

1 「プロポーザルマネジメント」とは何か　2
  1.1 「提案」で受注を勝ち取るための方法論　2
  1.2 B2Bの提案活動でよくある問題を解決する　7

2 「プロポーザルマネジメント」のプロセス　9
  2.1 受注に至るまでの七つのステップ　9
  2.2 プロセスごとに「承認ゲート」を設ける　15

3 「プロポーザルマネジメント」の意義　18
  3.1 提案活動で、会社や組織の目標に貢献する　18
  3.2 プロポーザルマネジメントのメソッドの活用　19
  コラム1　RFP/RFI/RFQとは　20

CHAPTER 2　案件の評価：勝てる案件かどうかを見極める　21

1 案件を評価する　23
  1.1 勝てる案件に集中するための必須のステップ　23
  1.2 案件の初期評価（承認ゲート①）　25
  1.3 案件概要のまとめ方　27
  1.4 案件の承認（承認ゲート②）　29

CHAPTER 3　提案依頼が来る前に顧客の心をつかむ！　33

1 「オポチュニティプラン」をつくろう　35
  1.1 「オポチュニティプラン」とは　35

- 1.2 「3C分析」で戦略を立てる　37
- 2 顧客の分析　39
  - 2.1 キーパーソンの「ホットボタン」を探せ　39
  - 2.2 顧客の評価基準は何か　43
  - 2.3 スケジュールを把握する　44
  - 2.4 業界特性や外部環境を知る　44
  - 2.5 成功事例から学ぶ①　46
- 3 競合/自社の分析（競合よりも優位なところはどこか）　52
  - 3.1 競合比較のやり方　52
  - 3.2 成功事例から学ぶ②　55
- 4 プランを具体化する　57
  - 4.1 分析結果と提案内容をまとめる　57
  - 4.2 具体的な行動・計画を立てる　60
- 5 オポチュニティプランのレビューを受ける　62
  - 5.1 第三者によるレビュー　62
  - 5.2 定期的なレビュー　63
  - 5.3 成功事例から学ぶ③　64
- 6 オポチュニティプランの実行　65
  - 6.1 顧客との擦り合わせ　65
  - 6.2 一枚提案書を作成する　67
  - 6.3 成功事例から学ぶ④　70

RFPのドラフトを入手したら（承認ゲート③）　72

CHAPTER 4　提案依頼が来たら：提案書作成プランをつくる　75

- 1 提案依頼書（RFP）を受け取ったら　77
  - 1.1 ホットボタンや評価ポイント、要求を抽出する　77
  - 1.2 いきなり書き始めない！　79
- 2 「プロポーザルプラン」を立てる　81
- 3 「プロポーザルマネジャー」と提案チームのつくり方　83
- 4 スケジュールの考え方　87

4.1	提出までのステップを描く	87
4.2	スケジュールに盛り込みたいタスク	93

5 章立てを決める　96
- 5.1 エグゼクティブサマリを準備する　96
- 5.2 ケース別 章立てづくりの基本の考え方　96
- 5.3 章ごとに何を書くかプランを練る　100

6 見せ方・ビジュアル面を考える　103
- 6.1 顧客の書式要件に従うのが基本　103
- 6.2 「ストーリーボーディング」を行う　104
- 6.3 テンプレートと「執筆者向けガイド」をつくる　107
- 6.4 再利用可能な資料として貯めておく　112
- コラム2 コミュニケーションルールを決めよう　116

提案書作成開始の最終判断（承認ゲート④）　118

CHAPTER 5　キックオフから提出まで：提案書づくりの流れを知る　119

1 キックオフミーティングを開こう　121
- 1.1 ミーティングを成功させるには　121
- 1.2 進捗管理やリマインダーのコツ　125

2 RFPに関する質問の管理　127

3 提案書の執筆を進める　129

4 提案書のレビュー　130
- 4.1 提案メンバーによるドラフトレビュー　130
- 4.2 第三者レビュアーによるレビュー　133
- 4.3 内容とリスクのレビュー（承認ゲート⑤）　134

5 印刷、製本、提出　136
- 5.1 提出までの計画を立てる　136
- 5.2 印刷する　137
- 5.3 提出物の体裁について　138
- 5.4 電子ファイルでの提出の場合　139

CHAPTER 6 執筆者が必ず知っておきたい書き方テクニック 141

1 エグゼクティブサマリはこうして書く 143
1.1 よいエグゼクティブサマリの条件 143
1.2 エグゼクティブサマリは必ず添付する 146

2 顧客の心をつかむ説得方法「FABE」 148

3 高評価をねらう回答の見せ方 152
3.1 「要求条件適合一覧表」をつけよう 152
3.2 パワーポイントで詳細を見せる場合 155

4 よい「テーマステートメント」とは 157

5 顧客志向の書き方で惹きつける 159
5.1 順序や見せ方で、読み手からの印象は変えられる 159

CHAPTER 7 見やすい! 伝わる! スライドデザインのつくり方 163

1 評価者をビジュアルでも惹きつける 165
1.1 レイアウトの四つの基本原則 165
1.2 グループ化 166
1.3 整列 173
1.4 繰り返し 178
1.5 強調 180
1.6 配色をどうするか 181

CHAPTER 8 勝率を高めるために:提案書提出後にすべきこと 185

1 プレゼンテーション 187
1.1 いつ、どこで、誰に対してプレゼンするのか 187
1.2 スライドの準備 188
1.3 リハーサルを行う 189
1.4 伝え方のポイント 190
1.5 質問への対応法は決めておく 191

2 振り返りミーティングを開く   193
  2.1 社内での振り返り   193
  2.2 顧客との振り返り   194
3 経験を次に活かすために   196
  3.1 資料を保存する   196

おわりに――本書のまとめにかえて　198
謝辞　204
参考文献　　205

CHAPTER 1

欧米流の提案メソッド「プロポーザルマネジメント」とは

1 「プロポーザルマネジメント」とは何か

1.1 「提案」で受注を勝ち取るための方法論

「限られた人員で多くの受注を勝ち取りたい」「顧客の心をつかむ提案をして、顧客の問題解決に役立ちたい」「手間のかかる提案書づくりをもっと効率よく行いたい」。提案活動に携わる組織や人に共通する関心事かと思います。

　特に、複数の人が関わって提案書をつくり上げる大掛かりなB2Bの提案の場合、他の人と協力してどう進めるか、顧客の興味や関心をいかに捉えて期待に応えるか、複雑な内容をどう伝えるかなど、迷いながら手探りで提案活動に従事している人が大半ではないでしょうか。
「提案活動はどんなふうに進めるの？」「先輩のやり方を見よう見まねでやってるけど自信が持てない」「どうやったらライバルに勝てるのか」「どうやって提案書を書くの？」「何か方法論がないものか……」。
　提案活動に従事する多くの人がこうした共通の悩みや課題を抱えているにもかかわらず、今まで、それらを解決するノウハウが共有されることはほとんどありませんでした。

　一方で、欧米を中心に、提案活動で受注を勝ち取るための「プロポーザルマネジメント」という方法論が確立されグローバルスタンダード化されつつあります。この方法論は、B2Bの提案活動の成功事例に基づいて、その進め方をまとめたものです。入札形式の提案活動や多くの組織が関わって一つの提案をするといった複雑な提案活動を、受注確度を高めながら効率よく進めるにはどうしたらよいかについてガイドを提供してくれます。
　特に提案依頼書（RFP：Request for Proposal）を受領しての提案活動や、

複数の組織が関わってチームで提案内容を検討したり、提案書を手分けして書くといった提案活動に効果的です。

B2Bの提案活動は、営業一人で提案書を書いて提出するというものではなく、多くの人を巻き込んで行われる場合が多いかと思います。社内外の多くの人を束ねて解決策を考え、提案書を分担して書くという場面がよくあるでしょう。また、顧客からの提案要求の内容が複雑になるにつれ、提案をする側の体制も複雑になります。プロポーザルマネジメントではそうした複雑な案件にも対応できるよう、「提案書の書き方」や「魅力的なプレゼンテーション」はもちろん、提案書をつくり上げる「プロセス」にも着目します。プロセスの善し悪しが、提案活動の勝敗を分けるともいえるからです。

本書では、提案活動に従事する者に共通する悩みを解決し、みなさんが自信を持って提案に挑めるよう、明日から実践できるプロポーザルマネジメントを紹介したいと思います。

提案に関するよくある悩み

- 提案書づくりは徹夜が当たり前。手戻りが多くて手間がかかる
- お客様について情報が足りない！　もっと早くから活動すればよかった…
- 技術的な説明をすると「何を言っているのかわからない」と興味を持ってもらえない
- 社内の声の大きい人の意見で、提案内容が決まってしまう
- せっかく提案したのにお客様には最初から意中の発注先があった
- 手分けをしてつくっている提案書。色もレイアウトもバラバラ
- 印刷が間に合わない！　電子ファイルの容量が大きすぎてメールで送信できない！　提出期限に間に合わない！

解決策としてのプロポーザルマネジメント

　このような問題の解決にプロポーザルマネジメントは役立ちます。プロポーザルマネジメントでは「提案書をどう書くか」のみならず、提案書作成の前段階から顧客との関係をいかに築くか、どういうタイミングで何を行うべきか細かく定義しています。これからプロポーザルマネジメントについてご説明していきますが、特に以下のような方々を想定して解決策を呈示したいと思います。

本書を読んでほしい人

- 提案活動をとりまとめているプロジェクトマネジャー、プロジェクトリーダー
- 提案書の執筆を担当しているビジネスパーソン
- 提案ソリューション検討に携わるビジネスパーソン
- 将来提案書作成に関わりたいビジネスパーソン
- 組織の提案力を高めたいマネジメント層、企画担当者

　提案に関わる個人にとっては以下のような効果が期待されます。

期待される効果

- 複数組織にまたがった提案チームを一つに束ねて効率よく活動できるようになる
- 短い時間で提案書を作成できるようになる
- 過去の成功例や、専門家たちの知識や経験に基づいて体系化された提案のプロセスが理解でき、自信が持てるようになる
- 自社の強みが発揮できるソリューション選定と提案書作成ができる
- 会社に協力を得るタイミングや方法を理解できる

組織で採用することにより次のような効果が期待できます。

- 提案活動に関するコスト削減
- 勝率のアップ
- 提案に関わる人材の育成

この本で扱うプロポーザルマネジメント

　この本では、アメリカを拠点とするNPO法人 Association of Proposal Management Professionals (APMP) が定義したプロポーザルマネジメントのメソッドや、私が長年、提案活動全般に携わってきた経験、及び主催するteian-lab（提案ラボ・提案活動に従事する人のための勉強会）での学びをもとに、日本の商習慣に合った提案活動の進め方や提案書の書き方などを解説していきます。

　APMPは、提案活動やビジネス開発に従事する人のプロフェッショナリズム向上をミッションとする、国境を超えたコミュニティです。アメリカ、イギリス、ドイツ、オランダ、インド、オーストラリア、カナダ等、各国から数千人規模で、国や地域の支部ごとにテーマを決めて勉強会を開催しています。また、Webを介してライブで受講できるセミナー「Webinar」等も開催しています。

　APMPでは学ぶ機会を提供するだけでなく、プロポーザルマネジメント能力を証明する認定試験も実施しています。それが「APMP Certification Program」です。入札及び提案業務に従事している人のための世界初のプロフェッショナル認定プログラムで、知識、経験、能力のレベル別に三つの種類の資格があります。

　2015年にAPMP日本支部を立ち上げ、国内でも個人や法人会員の能力開発の場として活用されるようになりました。このAPMPのメソッドは国外では大手ITやプロフェッショナルサービス、大手メーカー等、官公庁や自

治体への入札やB2Bの提案活動を行う企業で参照されています。この会に参加している職種としては、「ビッドマネジャー」「プロポーザルマネジャー」という欧米企業で提案活動の専門職にあたる人や、ビジネスデベロップメント、コンサルタント等が集まっています。そういった専門職の人が、提案力を高める学びを共にしています。

　プロポーザルマネジメントは、もともとはアメリカの官公庁向けの入札対応のノウハウがベースとなっています。そのため日本にそぐわない部分もあります。例えば、英語での提案書の書き方における表現や略語の使い方、欧米独自の提案依頼書（RFP）の書式等です。そのため、この本では、日本でも有効な部分を取り上げて説明していきます。
　また欧米では提案書はワード等のワープロにより作成されるのが一般的であるため、それを前提にメソッドはつくられています。一方日本ではパワーポイントを利用してビジュアルが豊富な提案書が作成されることが多いかと思います。そのため、日本独自のパワーポイントの慣習に合わせて、パワーポイントで提案書をつくるときの注意点等も紹介していきます。

　提案活動の進め方は、多くの業種や業界で必要なスキルでありながら、その成功事例や方法論は、日本ではしっかりとまとめられることはなかったと思います。「プロポーザルスペシャリスト」として任命され、外資系企業で提案活動の生産性を高める仕事をしていた私は、自分や組織の提案力を高める方法をずっと探していたのですが、なかなかそういう場がなくて困っていました。そこで海外に目を向けてみたところ、APMPに出会うことができました。世界には自分と同じように提案を専門とする職種の人がたくさんいて、その人たちがノウハウを共有していることに感動したのです。そしてこの会のメンター制度を活用して、ベテラン会員の人に資格取得のための指導をボランティアでしてもらいました。本書では、そこで学んだことと、実務で実践したことに加え、日本の商習慣に必要となるところを紹介していきたいと思います。

CHAPTER 1

欧米流の提案メソッド「プロポーザルマネジメント」とは

1.2 B2Bの提案活動でよくある問題を解決する

　提案依頼書（RFP）を受領したので、連日連夜、徹夜をして、力をつくしてベストな提案書を提出したのに、実はすでに意中のベンダーが決まっていたことが後になってわかった……という経験はありませんか？　それではせっかくの苦労も水の泡です。提案書作成に要した社内の時間や労力は取り戻せません。実のところ、多くの顧客（発注側の会社や組織）はRFPを出す頃には意中のベンダーを決めているという説もあります。RFPはベンダーを選ぶというよりも、すでに決まっている意中のベンダーを通すための手段という面もあるのです。そういうケースでは、いくら美しい提案資料やプレゼンを行っても徒労に終わる確率が高いでしょう。

　そこで、プロポーザルマネジメントでは、提案書を書く方法だけでなく、受注獲得の勝率を高めるために、提案書を作成する前段階である「関係づくり」を重視しています。

　またこういう経験はないでしょうか。
　提出期限までの期間が残りわずか。大急ぎで社内から協力者を集めてRFPを熟読して顧客の要求を分析。提案内容の検討と同時進行で価格を見積もり、提案書を作成し、印刷して製本して、プレゼンテーションも準備してと、短い間にさまざまな作業を並行してこなさなければなりません。たくさんの組織から人が集まって提案方針を議論し始めると声の大きな人の意見に左右され、方針があっちへ行ったりこっちへ行ったりでなかなか決まりません。それでもなんとか中身を決め、提案書を手分けして執筆して資料を大急ぎでかき集めて統合したら、全体としてのストーリーの統一感のない提案書に。レイアウトも文体も色遣いもバラバラ。さらには提出必須書類に抜け漏れがあり、提案書提出までの期間はこの調子で徹夜が当たり前……。提案書は気合いと根性で乗り切るものだとあきらめている人も多いでしょう。

プロポーザルマネジメントはこうした場面でも役立ちます。プロポーザルマネジメントはプロポーザル期間全般におけるプロジェクトマネジメントです。単に提案書を書く段階だけでなく、受注を勝ち取るために戦略を練り、提案チームの力を高めて結集させていく方法もプロポーザルマネジメントに含まれます。

2 プロポーザルマネジメントのプロセス

2.1 受注に至るまでの七つのステップ

　APMPではマーケティング活動から受注を収めるまでのプロセスを以下のような七つのステップに分けて、望ましい進め方を定めています。これらの七つのステップを顧客の購買に関する活動のタイミングに合わせて行うことを推奨しています。

　このプロポーザルマネジメントのプロセスは、いかなる期間、難易度や複雑度、規模、対象顧客であろうと、活用できると考えられています。

プロポーザルマネジメントの七つのステップ

1）参入市場・業界の絞り込み
　マーケティングやキャンペーン活動を通じて、将来の顧客となる可能性のある見込み客を発掘します。

2）ターゲット顧客に対する営業計画
　2〜5年程度の期間における、主要見込み客に対する営業計画を立てます。この計画書をアカウントプランと言います。

3）案件の評価
　業務上の課題を抱えている顧客において案件を発見したら、その案件は自社の得意とする分野と適合するかどうか、受注できる見込みがあるかどうかを判断します。勝てる案件に集中的にリソースを投入し、最初から見込みのない案件に貴重な人員や時間を割かないために、この案件を取りにいくべきかどうか判断するのです。この段階で「自社の得意分野と適合する」「受注

できる見込みがある」といった判断ができる場合のみ、この先の提案活動を進めていきます。

4）案件獲得活動（顧客との関係づくり）
　見込み客の組織や組織内の個人に対して、自社のソリューションや組織を好ましく思ってもらい、顧客の決定に影響力を及ぼせるようになるための戦略を作成し実行します。この期間は顧客との関係を良好にして、顧客の課題を理解し、自社の強みを顧客に認識してもらう活動を行います。この段階の活動をAPMPではオポチュニティプランと呼んでいます。

5）提案書作成計画（プロポーザルプラン）を立てる
　まだ顧客側から提案依頼書（RFP）が出ていなくても、顧客の心をつかむ提案書を効率よく作成するのための計画を策定し始めます。この段階をAPMPではプロポーザルプランと言います。

6）提案書の作成
　RFPを受領したら提案書の作成を開始します。期日までに必要なものをすべて揃えて顧客に提出します。

7）提案書提出後の活動
　提案書を提出した後のプレゼンテーション、質疑応答、契約交渉、ベンダー選定に至るまでの活動を行います。また、受注に成功しても失敗しても、本提案活動で学んだことを今後の提案に活かしていく活動を行います。

顧客はいかにして購買を決めるのか

　一方、提案要求を行う顧客（見込み客）側組織では、一般的に発注先を決めるまでの過程で以下のような変化をたどるかと思います。

1）問題意識が潜在的な段階
　通常業務を行っており、まだ問題意識や課題が顕在化されていない段階です。

2）問題意識が顕在化する段階
　顧客の潜在ニーズが顕在化する段階です。顧客は課題に気づき、新しいシステムやサービス、物品の購入の必要性を感じ始め、ベンダーへの接触を開始します。

3）解決策の情報収集
　問題解決のための解決策について情報収集を行い、解決策の方向性を検討します。

4）解決内容の具体化
　解決策を具体化してまとめて、発注する部分を決め、ベンダーに要求する要件を検討します。

5）提案依頼書（RFP）を正式に公開し提案書を受領する
　提案依頼を文書にまとめて各社に配布。各社から提案書を受領します。

6）提案書を評価してベンダーを選定する
　提案書を受領後、各社にプレゼンテーションをしてもらうなどして提案内容を評価。発注先を決定します。

　APMPではこれらの顧客の購買プロセスの各段階と自社の行動のタイミングを合わせることが、提案での勝率を高める秘訣であるとしています。
　つまり、顧客が問題意識を持ち、ベンダーにコンタクトを取り始めるタイミングで自社に声がかかるように、事前に自社の存在を認知してもらうマーケティング活動を行っておくことや、顧客がRFPのドラフトを作成しようとする段階で、自社の情報を提供したりRFPでの要件をまとめ上げるため

図表 1-1　受注を勝ち取るためのプロセス「プロポーザルマネジメント」のイメージ

顧客のベンダー決定までの流れ	通常業務	問題を認識する	解決策の情報収集を行う
自社が受注を勝ち取るためにすべきこと	**1 参入市場・業界の絞り込み** ・市場や業界を分析 **2 ターゲット顧客の絞り込み** ・顧客を絞り込み、営業計画を立てる	**3 案件の評価** ・案件情報を収集する ・情報をもとに案件を評価する（自社のビジネスと適合性はあるか等）	**4 案件獲得活動** ・顧客・競合・自社を分析し自社の優位性を導き出す ・顧客との関係づくりと要件の摺り合わせを行う ・提案内容を検討する
作成する書類など	・マーケティング計画書 ・アカウントプラン	・案件概要書	・オポチュニティプラン ・エグゼクティブサマリのたたき台 ・一枚提案書
承認ゲート（マネジメントなどに承認を受けるタイミング）	市場決定時	①案件の初期評価	②案件の承認
上記の活動を行うタイミングのめやす			・提案依頼を受ける数ヶ月〜1年半前（長期案件の場合） ・提案依頼を受ける1ヶ月〜数ヶ月前（短期案件の場合）

CHAPTER 1
欧米流の提案メソッド「プロポーザルマネジメント」とは

図表 1-2 提案依頼前から活動を始めている会社と提案依頼があってから始める会社の違い

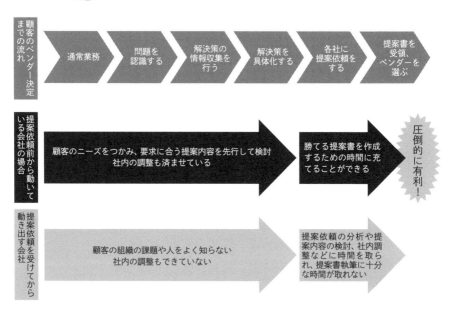

の支援ができるような関係性を顧客と築いておくなど、タイミングよく顧客への働きかけを行うことを推奨しています。

　顧客がRFPを正式に出す前の段階で、案件獲得のための活動を開始できれば、競合他社に対して優位に立つことができるでしょう。受注後に向けて顧客の要求に応えるための社内の体制づくりに着手することもできます。顧客の購買活動に合わせて対応していれば、RFPが出される頃には、自社は顧客にとって問題解決のためになくてはならない存在として頼りにされるようになっているはずです。こうなれば顧客はあなたの会社が選ばれるように社内を説得してくれるようになります。

　そのためには、顧客との間で日々、関係を築いておき、普段から声がかか

るようにしておくことが大事です。

よきパートナー、よき相談相手として、顧客の購買に至るまでのプロセスを理解したうえで、必要な時期に顧客にRFPを出すタイミングであることを気づいてもらうという働きかけも重要になってきます。

これとは逆に、顧客の行動と自社の行動のタイミングがずれている例として、RFPが正式に発行されて初めて、自社に顧客から声がかかるという状況が挙げられます。RFPを受け取ったときには顧客はすでに意中のベンダーを決めているケースが少なくないにもかかわらず、多くの企業はRFPを受け取ってからやっと提案活動に入るのが現状です。後手にまわった会社は、RFPを受領して初めて顧客の要件を理解するところからスタートしなければなりません。

顧客の購買検討のタイミングと自社の行動のタイミングが一致せず、出遅れてしまった場合には、受注するための最終手段として徹底した値下げをするしかない状況に陥るかもしれません。しかし価格競争の激化は、提案側社内を疲弊させるだけでなく、顧客側も疲弊させます。極端に低い価格提示を受けた顧客は、提示された価格で本当に実現できるのか、期待された成果が出せるのかどうかを検証しなければならないからです。

2.2 プロセスごとに「承認ゲート」を設ける

APMPでは、前述のように七つの段階を経て提案活動を進めていきますが（9ページ）、段階ごとに必ず意思決定のための「承認ゲート」を通らないと次の段階に行けないようにすることを推奨しています。

承認ゲートは、勝てる見込みのある案件に人を投入し、勝率を高めながら利益を確保するためのものです。状況によっては提案を進めないという判断もあります。この先も提案活動に自社のリソースをかけるべきか、適切な情

報収集ができているか、あらかじめチェックリストを用意し、上司や会社の上層部が段階ごとに確認します。そして各ステップで期待される結果に到達していなければ、不足している点を指摘します。

承認ゲート①　案件の初期評価
　マーケティング活動で見つけた見込み客に対して、次のステップ（案件の評価）に移るかどうかを決める承認ゲートです。案件が自社の戦略、能力、事業範囲に合致しているかを確認し、情報収集を行うためのさらなる提案活動に人員を投入するかどうかを見極めます。

承認ゲート②　案件の承認
　案件獲得のための具体的な戦略の策定と実行に移るかを判断する承認ゲートです。自社のビジネスと顧客の要求のギャップを把握し、この先も情報収集する価値があるかどうか判断します。価値があると判断された場合は、戦略の作成と実行のために、顧客と対話をする担当者が任命されます。

承認ゲート③　提案・入札参入の承認
　ここまでの情報を総合して、会社として提案すべきかどうか判断します。提案すると判断した場合、提案書作成要員が任命されます。

承認ゲート④　提案書作成開始の最終判断
　提案依頼書（RFP）を受領したら、RFPの内容が競合他社に有利になっていないか確認し、提案書作成をこの先も進めるか決定します。

承認ゲート⑤　提案書提出前の最終承認
　提案書の内容と金額の最終承認を行います。承認を得てから提案書を顧客に提出します。

　会社や案件の規模にもよりますが、このような要所要所でのチェックは、たとえ一人で提案活動をする場合でも確認すべき事柄です。ここに挙げた確

認のタイミングやチェックの内容は、どんな提案活動にも使うことができます。

「文書」での承認

　こうした承認、意思決定は、営業や提案チームにより作成された文書をもとに行われます。文書に書き起こすことにより、各ステップで取るべき行動がなされたことを証明します。プロポーザルマネジメントがトップダウンで定着している組織は、承認ゲートごとに決まった書類のテンプレートを用意しています。

プロポーザルマネジメントの意義

3.1 | 提案活動で、会社や組織の目標に貢献する

　プロポーザルマネジメントは顧客一人ひとりの"心"に焦点を当てた活動です。顧客と信頼関係を築き、顧客側の担当者たちの心の状態を理解し、自社で提供できる価値を、担当者たちの心の状態に合わせた「伝わる提案メッセージ」として練り上げます。そして彼らの購買意欲を引き出し、受注に結びつけ、目標達成につなげていきます。

　事業計画やマーケティング計画などの上位の活動はターゲットが市場や企業であるのに対し、プロポーザルマネジメントは個別案件に対する活動です。部署、プロジェクトというように対象がより細かく、的がよりはっきり直接的になってきます。

　プロポーザルマネジメントは顧客側の人一人ひとりの人物像や心の状態にターゲットを絞った活動である点に特徴があります。そして提案活動で受注を勝ち取ることができれば、会社や組織の事業目標や、製品の営業目標の達成に大きく貢献することができます。

ボトムアップでの目標達成への貢献も

　提案活動は、顧客の生の声を聞くまたとない機会でもあります。顧客の組織での課題や、自社の製品やサービスに対するフィードバックを、現実に即して収集できます。プロポーザルマネジメントを通して得られた学びは、今後の組織の長期的な成長や次回の提案活動での受注獲得に向けて、活かされる仕組みになっています。

図表 1-3　プロポーザルマネジメントの位置づけ

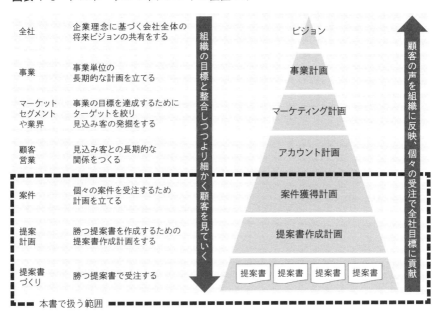

　会社全体の事業計画との関連性で見ると図表1-3のようになります。本書では太い点線で囲われた部分について、進め方を解説していきます。

3.2　プロポーザルマネジメントのメソッドの活用

　次章では、ステップごとに具体的な提案活動の進め方を紹介していきます。顧客とともに課題を把握し、自社が顧客に対し何を提供できるのかを考えて社内外の提案メンバーを動かし、提案で勝つことを目指して、プロポーザルマネジメントを活用していきましょう。

コラム
1

RFP/RFI/RFQ とは？

　提案依頼書は RFP とも言われますが、これは Request for Proposal の略です。サービスや商品の買い手側が、口頭や書面で、ベンダー各社に提案を依頼する行為を指します。RFP では提案依頼に至る背景や目的、提案書に盛り込んでほしい内容などのほか、提案書の体裁や書式も指定されます。提案依頼をすることで買い手側は複数の会社から必要とする情報を得たうえで、購入にあたっての比較検討がしやすくなるわけです。

　RFP のほかに RFI、RFQ という略語もあります。RFI は、Request for Information の略です。予算や解決策を検討するための情報収集を行う段階で、ベンダー各社に情報提供依頼を行うものです。正式な RFP をまとめる前段階で、業界や技術の最新動向を入手したり、概算予算を把握するために行われるのが一般的です。また、RFQ は Request for Quotation の略です。価格を把握するための見積書の提出要求という意味です。

　RFP に対する回答は、要求に対する回答を盛り込んだ提案書と見積書を同時に提出することが一般的です。価格とともに、提案要求項目に対する網羅性や、期待値に適合しているかどうかなどに応じて採点がなされ、受注できるかどうかが決まります。
　一方 RFI や RFQ は、情報提供が主目的となるため、それ自体でベンダー選定が決まることは少ないようです。

　本書では、RFP への回答を目的にしたプロセスを紹介しますが、RFI への回答時も、これから解説する提案書作成計画や提案書作成のガイドを適用することで、より相手にわかりやすく自社のよさを印象づける資料の作成が可能になります。

CHAPTER 2

案件の評価：
勝てる案件かどうかを見極める

この章のポイント

ねらい	・勝つ見込みのない案件を振るい落とし、見込みのある案件に注力する ・会社の承認を得ることで人員など必要なリソースを得る
行う時期	・案件情報を入手したタイミング
関係する人	・案件担当者 ・営業マネジャー

プロポーザルマネジメントのプロセス

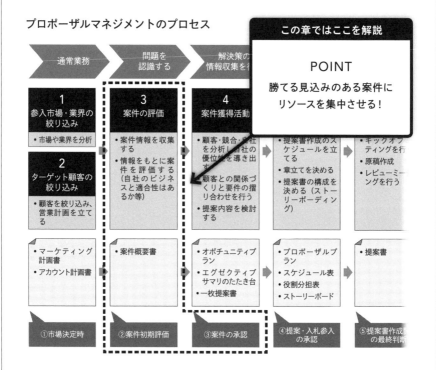

この章ではここを解説

POINT
勝てる見込みのある案件に
リソースを集中させる！

CHAPTER 2

案件の評価：勝てる案件かどうかを見極める

1 案件を評価する

1.1 勝てる案件に集中するための必須ステップ

　B2Bの提案活動は顧客の要求が複雑で、さまざまな組織、人の力を借りないと獲得できない案件がほとんどかと思います。しかし実際には、社内から協力を引き出すことに難しさを感じている人は多いのではないでしょうか。

「客先を訪問して技術的な観点から提案内容を考えてくれるエンジニアの協力を得たい」「作業の見積もりをつくってほしい」「カスタマイズ要求に合わせて製品の仕様を変えてほしい」「最新技術を要求されているから優秀な人を任命してほしい」「提案書を一緒につくってくれる人の協力を得たい」……。そう思っていても、実際は他の案件で忙しいとか、経験がない、会社の既存のプロセスでは対応できないなど、なかなか協力を引き出せないのが現実です。提案活動でぶつかる最初の壁は社内を動かすことである、ともいえます。

　組織や人の協力を引き出すには、まずは、これが勝てる見込みのある案件であることを上位マネジメントに認めてもらったうえで、協力を要請することが大切です。あなたの案件に対して、情報収集のための人員を割く価値がある、顧客との関係づくりや、ソリューション開発のために多くの時間や労力を割く価値があると判断されれば、マネジメントのお墨付きのもと、協力を得やすい状況がつくれるはずです。

　営業活動、提案活動を進めていくには社内外のさまざまな人の協力が必要です。ときには、顧客の複雑な要求に応えるために、社内の既存のプロセスを変更したり、より高度な要求に耐えうる組織化を推し進めなければならな

いこともあるでしょう。あなたの案件に優秀な人を十分な期間確保するためにも、マネジメントによる「案件の評価」というプロセスが必要なのです。

そこで本章では、案件の機会の評価に関する意思決定の仕方について解説したいと思います。

よくある失敗のケース

こんなことはないでしょうか？

　ケース①　興味があるから最新の技術動向を説明してほしいと言われて、何度も足しげく提案活動のために訪問。期待しているよと言われたので受注できるかと期待して付き合ってしまったが、結局その人には何の権限もなく、単なる個人的な興味の対象でしかなかった。提案にたくさんの時間を割いたのに受注に至ることはなかった。

　ケース②　顧客からあるソフトウェアをもとにしたシステム開発の依頼を受けた。自社でできると特に周囲に相談せずに判断し、提案活動を進めてきたが、後になって上司に相談したら、そのサービスについては自社には担当できるエンジニアがいないと言われてしまった。顧客に対してできると話してきてしまったため、結局、信頼関係を損ねることになってしまった。

　ケース③　1週間以内に提案書と見積もりを持ってきてほしいと要請を受けて、急いで社内の人をかき集めて徹夜で作成。慌てて提出したが、形として相見積もりをとるための当て馬にされただけであった。

このように、準備や分析もなく、闇雲にすべての顧客からの依頼に応じて飛び出していては、会社の中にいくら人手があっても足りません。顧客の提案要求の中には、自社の事業領域から外れるような要求があるかもしれませんし、社内にその要求に応じられるスキルや経験がないという場合もあるでしょう。そのような要求に対して、会社として多くの人材や時間を割いて応える価値があるのかどうか。多くの時間を割いて提案したとしても、提案内容の検討に時間がかかるだけで、実際に提供できるものがなければ顧客と自

社の双方にとって時間の浪費になってしまいます。

そこで本格的に提案活動を行うべきかどうか、会社としての判断をあおぐ必要があります。会社の事業領域に合っているのか、提案依頼を受けた際によい提案ができるのか、受注を見込めそうなのかについて、会社に判断をあおいでから活動を開始するのです。この段階で目指すのは、勝てる見込みのある案件に人手や時間を割けるように、今後追いかけるべき商談を絞り込むことです。これは組織全体の勝率を高めるために、必ず必要なステップです。

1.2 案件の初期評価（承認ゲート①）

APMPでは案件情報を入手したタイミングで会議を開き、この先案件を進めていくべきかどうか評価・決定することを推奨しています。このタイミングでの案件の初期評価の承認ゲートを「オポチュニティの認定（オポチュニティクォリフィケーションディシジョン）」といいます。案件担当者を正式に任命すべきかどうか、次の承認ゲートまでの期間の活動を会社として認めるのかを判断します。

図表 2-1　承認ゲート①：オポチュニティの認定

目的	この案件に関する調査や評価のために、人員や時間を費やすメリットがあるかを判断する
会議の主催者	案件をリードする人（営業担当者など）
会議での意思決定者	金額や案件の複雑さ、リスクに応じて設定された意思決定者 このタイミングではセールスマネジャーを想定
会議の参加者	案件をリードする人と意思決定者
必要な資料・情報 （インプット）	オポチュニティプラン（第3章で説明）のドラフト 案件概要書（背景、目的、担当部署、担当者、主な要件）など
この会議の成果 （アウトプット）	次のステップに進むかどうかの判断 進むことに決まった場合は、この案件に関する情報収集や分析を担当する人を任命

図表2-1は、ここでの承認事項をまとめたものです。「案件をリードする人」とは英語でいうとオポチュニティリードであり、日本の多くの企業に当てはめて言えば「営業」の立場が近いでしょう。意思決定者は、この段階では営業部門のマネジャーがふさわしいと思います。この会議は、案件情報をキャッチした営業が、営業マネジャーを招集し、次の活動ステップに進んでよいかどうか判断をあおぐものです。準備したオポチュニティプラン（第3章）のたたき台の内容をマネジャーに報告し、そしてマネジャーは次のようなチェック項目を確認し、先に進むべきかを判断します。

● 予算がついている案件か？
● 責任者（リーダー）が任命されている案件か？
● その責任者を我々は知っているか？　彼らから我々はどう見られているか？
● 自社に、この案件を開発するためのリソースが十分にあるか？
● それを受注したいのか？
● 利益は確保できるのか？
● 他の案件との衝突がないか？
● 自社の戦略や事業計画に適合するか？
● 我々は顧客のミッションを理解しているか？
● 受注可能性のある競合は誰か知っているか？

　これらの質問項目は、案件が進んでも繰り返しチェックします。
　このようなマネジメントによる「承認ゲート」を、提案書を提出するまでの期間に数回設け、自社の貴重なリソースを適切に配置するのがAPMPのガイドの特徴です。

1.3 案件概要のまとめ方

承認ゲート（案件の初期評価）を無事通り、この案件についてより詳細に調べるよう、セールスマネジャーから指示が出ました。

次の段階では、26ページのチェック項目のうち不確かだった部分について調べを進めながらより確かな情報に更新し、自社の事業領域に合っていて、解決策が提供できる見込みがあるのかさらに調べを進めます。

そして、この先多くの関係部署や組織に協力を求める段階に移っていきますので、顧客や案件の情報を収集して、案件について自分が理解したことを文書にまとめ、他者に説明ができるように備えます。APMPでは、文書化することを重要視しています。今後の各承認ゲートで必要になる資料はもちろん、提案メンバー間の情報共有においても、文書を中心にプロセスを管理していきます。

「文書」で会社を動かす

文書には、「その案件は確かに存在するのか？」「勝てる見込みがあるのか？」「それを取りにいきたいか？」という問いへの答えを盛り込んでいきます。提案活動、特にこの先、提案依頼書（RFP）を受領して提案書を作成する段階に入ると、多くの人を巻き込むことになります。人を投入したのに結局は顧客側に購買の予定などなかった、勝てる見込みが最初からないのに徹夜で見積もりをつくらされる、となるとさまざまな部署からの協力は引き出せません。「その案件は確かに存在するのか？」「勝てる見込みがあるのか？」「それを取りにいきたいか？」という三つの問いは、この先もずっと正確な情報を追いかけて見直していきます。

この段階では、図表2-2のサンプルのような形式で、案件概要をまとめておくとよいでしょう。これらは最低限必要な情報です。

図表 2-2 案件概要の例

企業名	○○株式会社			
ご担当者様	○○企画部　○○○○様			
プロジェクト名	○○システム更改プロジェクト			
プロジェクトの背景	全社的なコスト削減方針に基づき、 更改に際し現状システムの保守運用コストの削減が求められている			
プロジェクトの 目的と目標	コスト削減、新システムの安定稼働			
直面する課題	予算	スケジュール		選定基準
● 保守運用コスト構造が不透明 ● 新ビジネス開発に人手を割きたい	？	1月 RFP 2月 発注 3月 キックオフ 9月 稼働		● コスト ● プロジェクト管理 ● プレゼンテーション
	競合 現行　その他			

「案件概要」には、案件名、背景、顧客の抱える課題や想定される解決策、要件、スケジュール、想定される競合等の情報のほか、過去のヒアリングやマーケティング段階でのアンケート情報、顧客企業のホームページや新聞・雑誌の記事から得た情報などを列挙します。その際に大切なことは、できるだけ事実に基づいて書くこと、そして、顧客側の情報について書くことです。

顧客との接触が少ないこの時点では把握できる情報には限りがあるため、埋められない箇所も出てくるでしょう。埋められない箇所は、次回の訪問時の質問リストとして活用してもよいですし、今後の提案活動期間に、アップデートを重ねていってもよいでしょう。このほか、顧客の企業情報、組織、アクションプラン等、この先の承認ゲートに備えて必要な情報を適宜追加します。

案件概要についての文書は、会社や組織でフォーマットを決めて、統一し

ておきます。そうすれば理解が足りていない情報が把握できますし、複数の案件を評価する上司にとっても、案件を比較したり状況の把握がしやすくなります。

　ただし、フォーマットを用意すると陥りがちなのは、枠の中に書き込みさえすれば、たとえ中身がずれていてもそれで満足してしまうという点です。例えば、顧客についての情報を書くべきなのに自社について書いてしまうということがよくあります。プロジェクトの背景、次のプロジェクトの目的や目標という欄は、あくまでも顧客側のプロジェクトが起こった背景や目的について書くべき欄です。しかしありがちな例として、自分たちの営業活動の背景や目標を書いてしまうことがあります。「これまでこの顧客に対してこういうセミナーを提供してきた」「あちらの組織とこういう交流をしてきた。だから今回の目的は受注をすること」というように自分たちのことを書いてしまうのです。枠があると埋めたくなってしまう習性ゆえに、思いついた情報で無理やり埋めてしまったという例です。そこで、案件概要を書く人はもちろん、読む人も、項目に沿った中身が書けているのかどうか確認しましょう。

　こうして作成した案件概要は、次のステップ「案件獲得活動（オポチュニティプラン）」に引き継ぎ、今後も更新し続けます。

1.4　案件の承認（承認ゲート②）

　案件概要をまとめたら、今後この案件を継続して追いかけていくべきかどうか、再度会社からの判断をあおぎます。判断するのは上司や営業組織の責任者、もしくは、あなたの会社に承認する担当部署やチームがあればその組織になります。

　APMPではこの段階で実施する承認ゲートを「パシュートディシジョン（ビッド追求の決定）」と名づけ、この段階で確認すべきチェックリストを定義しています。こうしたものを参考にしながら自社の組織に承認する担当部

署やチームを設けるとよいでしょう。

この案件を追いかけるべきかのチェックポイント

- 自社の経営理念や戦略と整合しているか？
- 自社の事業領域で対応できる内容であるか？
- 自社は顧客の組織内で十分に知られているか？
- 提案をするために時間的な余裕があるか？
- 顧客と懇意にしている競合がいないかどうか把握できているか？
- 自社のコンプライアンスに則り取引が行えるのか？
- 顧客は購入のための予算を確保しているか？
- 今回の顧客に有効なローカル拠点を持っているか？
- 顧客組織において誰が決定権や影響力を持っているのか把握できているか？
- 顧客組織の中で今後協力してくれそうな人がいるか？
- 既存ベンダーは顧客からの支持を得ているかどうか把握できているか？
- 自社は他社と比較して競争優位性があり差別化要素や付加価値を提供できるか？
- この案件は自社の既存ビジネスによい影響を与えるか？
- 案件獲得に必要なリソースを用意できるか？
- 案件の収益性はあるか？

　評価者は、この案件の提案活動に今後も多くの時間を割く価値があるのかどうかを見極めます。そして、ポジティブな見解が多く、提案活動を継続すると判断された場合、最適な人員を任命します。
　一方で、これらのチェック事項に対して否定的な回答が多い場合、または十分な情報が収集できていない場合には、提案活動を進めずに辞退、もしくは追加の情報収集を早急に行って、再度、「進むかやめるか」の判断を行います。

CHAPTER 2
案件の評価：勝てる案件かどうかを見極める

図表 2-3　承認ゲート②：案件の承認

目的	案件をさらに進めるべきかどうか、リソースを割くかどうかを判断する
会議の主催者	営業、または案件をリードする人
会議での意思決定者	金額や案件の複雑さに応じて決められた意思決定者 オポチュニティプランニング（次のステップ）で人材などリソースを提供する部署の責任者
会議の参加者	案件担当者と意思決定者
必要な資料・情報 （インプット）	オポチュニティプラン（第3章）のドラフト
この会議の成果 （アウトプット）	次のステップに進むかどうかの判断 次のステップ（オポチュニティプラン作成と実行）の担当者とコアメンバーを任命する

　APMPでは、案件の規模や複雑度合いに従って意思決定に関わる評価者を選定することを推奨しています。例えば案件の概算金額に合わせて承認者を部長、事業部長というようにレベルを分けたり、受注後のサービス提供に関わる組織の責任者を意思決定者として任命する等、意思決定に関わるメンバーを固定するとよいでしょう。

　案件規模の大きいものは、会議開催日を例えば毎週や隔週の何曜日というように設定して仕組み化しておくのもおすすめです。意思決定に関わるエグゼクティブ層は会議の都度招集するとなるとスケジュールが合わなくて調整が困難です。そのため固定化しておくことにより、意思決定のタイミングを逃さず会議運営も円滑に行えます。

　一方で、商談のサイクルが短いものや、案件規模の小さいものについては、こうした承認ゲートが煩雑になりすぎないようにすることも大切です。商談が発生した都度に承認のための会議を設定する等の柔軟な運営がスピーディーな判断や効率性を高めます。

　提案の規模感や、期間、内容に応じて、意思決定者やその承認方法、実施

時期、必要なインプットやチェック項目を、図表2-3をもとにカスタマイズして設定をしておくとよいでしょう。

　いずれにしても、これから提案活動をスタートさせようというこの時点で会社の上層部を巻き込むことによって、彼らの長年の経験や会社全体を見渡す広い視野に基づくアドバイスを受けられたり、他の案件との連携などでより広範囲に提案領域を広げられる可能性があります。今自分が把握できている情報以外に、顧客の課題を会社全体の視座から把握できるチャンスです。また、過去からのお付き合いや取引を通して把握できる潜在ニーズが見つかるかもしれません。

　この案件の評価の承認ゲートを経て提案活動を先に進める許可を得られたら、今後の活動に必要な人員の任命をしてもらいます。任命された人員は顧客の要求をヒアリングしたり、顧客に技術的な情報を提供したりして、顧客との対話を進めていきます。

　そして
「その案件は確かに存在するのか？」
「勝てる見込みがあるのか？」
「それを取りにいきたいか？」

　この問いへの答えをはっきり言えるように、この先も情報収集、分析、承認のサイクルを繰り返し、会社全体を動かして受注に向けて進んでいきます。

CHAPTER 3

提案依頼が来る前に
顧客の心をつかむ！

この章のポイント

ねらい	・顧客の悩みをつかみ、よき相談相手の座を獲得する
時期	・公共案件や大規模案件の場合： 提案依頼書（RFP）受領1年半～数ヶ月前 ・民間案件や小規模案件の場合： 提案依頼書（RFP）受領数ヶ月前
関係する人物	・営業、営業マネジャー ・「オポチュニティプラン」策定と実行を任命された担当者など

プロポーザルマネジメントのプロセス

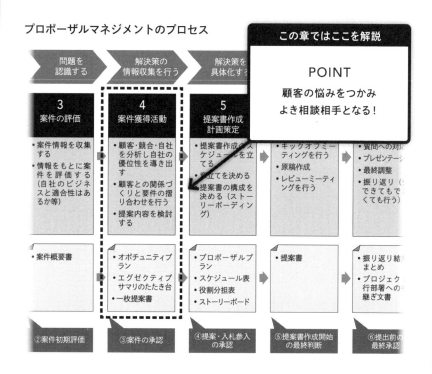

この章ではここを解説

POINT

顧客の悩みをつかみ
よき相談相手となる！

1 「オポチュニティプラン」をつくろう

1.1 「オポチュニティプラン」とは

　ここからは、顧客の悩みをつかみ、よき相談相手としての立場を確立することを目指した活動を行います。顧客が何かを買おうと思ったとき、まっ先に「あの人に相談しよう」「あのメーカーの製品をまず見てみよう」と思い出してもらえる、顧客の心の中で最初に思い浮かべてもらえる存在になることを目指します。

　顧客はコンペを実施する前に、どのベンダーを選定するかについて、40～80％の割合ですでに決定しているという説があります。自分たちの業務を熟知し、そのうえで問題解決に役に立つアドバイスをしてきてくれたベンダーが選ばれるように、顧客側の組織の人たちが支援してくれるのです。
　また提案依頼書（RFP）を出す前段階で提案内容と価格が折り合えば、わざわざRFPを出してコンペをすることなしに、発注先を決めてしまうという傾向もあります。RFPを作成し、各社から出された提案書を読み解き、プレゼンを評価して社内の承認を得るという一連の活動は、顧客側組織にとっても労力や時間を要するからです。

　そこで、この段階では、顧客にとってよき相談相手という地位を確立し、コンペをせずに受注できることを第一目標とします。この章では、そうしたよき関係づくりに役に立つ「オポチュニティプラン」について紹介します。

　「オポチュニティプラン」とは、自社の製品やサービスを他社の提案よりも好んで選んでもらえるようなポジションを、顧客組織や顧客の意識の中に確立するための活動計画です。

オポチュニティプランを実行することによってこんな効果が期待できます。

- キーパーソンを絞り込み、その人の悩みをつかみ、その悩みに的を絞った解決策を提案することができる
- 他社との違いを理解してもらうことができる
- 社内から協力を引き出して、受注後のための行動をスタートさせることができる

オポチュニティプランを理解するために、この章では、あるプロジェクトマネジャーが行った提案の成功事例を取り上げます。例に挙げるのは、某大手企業の支店業務改善のための新システムの導入です。社長の肝いりで設立

図表 3-1　成功事例：ある会社の新システム導入に関する案件概要

顧客名	A社
プロジェクト名	業務改革プロジェクト
顧客側の担当者	業務改革部リーダー　〇〇〇〇様
背景	業績悪化に伴い支店業務のオペレーションを抜本的に見直すために業務改革部が設立された
目的	コスト削減、効率化、お客様の満足度の向上
課題	地域に点在する支店において、お客様からの問い合わせの電話対応に営業部員の時間の多くが割かれていた 電話応対の時間を削減し、営業活動に多くの時間を当てられるようにしたい そのための新システム導入を検討
予算	不明
期間	未定
競合	この会社のシステムの多くを担当している大手企業

された業務改革部のリーダーから、営業に声がかかりました。

　競合は、国内大手のシステムインテグレーター。競合は、この会社のシステムを多数担当しており、この会社の業務内容も熟知しています。業界知識も豊富です。そんな手強い競合に対抗して案件を勝ち取るために、プロジェクトマネジャーは念入りに準備をして顧客を訪問しました。営業の声をもとにして顧客を分析し、ある仮説から競合にはないであろう提案を行い、ついに顧客のよき相談相手の立場を獲得。コンペをせずに受注できました。

　この案件を取り上げて、営業をはじめ、提案活動を総合的に指揮する立場の人が行うべきオポチュニティプランを紹介していきましょう。

1.2　「3C分析」で戦略を立てる

　オポチュニティプランでは、大きく分けて以下の三つのことを分析していきます。

①顧客
　まずは顧客についての分析です。顧客の悩みをつかむこと、これが主要な目的です。さらに意思決定に関わる人は誰なのか、そしてその人たちの悩みは何なのかを突き止めて提案の的を絞っていきます。
②競合
　次に競合です。顧客のニーズや実現したいことに対して、競合企業がどんな提案をしてくるかを想定します。
③自社
　最後に自社についての分析です。顧客の実現したいことのうち、自社で提供できる解決策について考えます。

　そのうえで、競合の解決策と自社の解決策とを比較し、顧客の視点でどちらが優位に見えるのか、どうすれば自社のほうが優位な立場を確立していけ

図表 3-2　優位性はどこか？

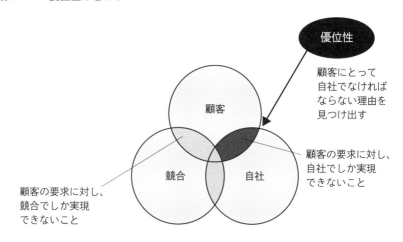

顧客の立場から見て「自社でしか実現できないこと」のほうが大きく見えるようにする

るのかを分析します。

　この分析を図で示すと図表3-2の通りです。

　上の図の中の黒い部分は、顧客の実現したいことのうち、競合他社にはできず、自社でしか実現できない部分になります。この部分が顧客の目から見て大きく見えるような活動計画を立てていきます。

　この三つの輪となる分析は、顧客（Customer）、競合（Competitor）、自社（Company）の頭文字をとって「3C分析」と言います。
　顧客が実現したいことのうち、自社でしかできない領域がより大きく見えるように強みを強化し、弱みを目立たなくしていくこと。同時に競合しかできない部分を小さく見せるような計画を立てましょう。

2 顧客の分析

2.1 キーパーソンの「ホットボタン」を探せ

　では、Customer、Competitor、Companyからなる3C分析の最初、Customer、顧客の分析の進め方について解説しましょう。

　まずは、顧客のことを深く理解するための情報収集からスタートします。第2章の「案件の評価」でも、案件概要として、プロジェクトの背景、目的、範囲や予算、期間や解決したい課題など、理解していることを列挙することを解説しました。オポチュニティプランでは、さらに掘り下げた分析を行います。担当者や担当部署を取り巻く組織、上位組織の方針、さらにはこの顧客企業を取り巻く外部環境、業界特性、担当者に与えるインパクト等広範囲に情報を整理して、顧客がなぜこの要求をしてきているのかを推測します。

　今回の引き合いに至るまでには何らかの問題を認識し解決したい背景があるはずです。担当者や部署の役割を認識し、その部署や担当者に何らかのプレッシャーを与えているような要因を探ります。中でも、キーパーソンの「ホットボタン」をつかむこと、これが最も重要です。

「ホットボタン」とは

　APMPでは購買行動を呼び起こすきっかけとなるキーワードを「ホットボタン」と呼んでいます。ホットボタンは触れられたら「思わず買ってしまう」心のスイッチです。その人が日頃から持っている関心事や成し遂げたいと思っている動機に関連する言葉であり、そのうちの特に重要なものを指します。このホットボタンをくすぐる提案をすることにより、案件獲得の成功

図表 3-3　顧客の理解

なぜ提案を要求しているのか、何をどう解決してほしいのか本質を探る

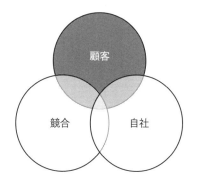

- プロジェクト名
- 背景
- ミッション
- ビジョン
- ゴール
- ニーズ
- スケジュール
- 購買プロセス
- 評価基準

率が高まります。相手の心の琴線に触れて、身を乗り出して話を聞いてもらえるようになるのです。

ホットボタンは、その人が夜も眠れないくらい頭を悩ましているような心配ごと、関心事、どうしても成し遂げたいと思っている事柄等がそのヒントになります。その人の置かれている立場や与えられた命題、このプロジェクトにおいて達成したいことや、その人の価値観等、人物像を深く理解して、「夜も眠れないほど気がかりになっていることは何だろう？」と想像をめぐらし、その人の立場に立って仮説を立てながら見つけ出していきます。

キーパーソンは誰か

商品を欲しいと思った人やその周辺の人を説得できればよいB2Cと違い、B2Bの提案活動の特徴としては、購買の意思決定に関わる人が多数いることが挙げられます。その中でも特に意思決定に強く関わる人たちをDMU（Decision Making Unit）と言います。アクションプランでは、DMUが誰なのかを見極めてその人を説得することが大切です。

図表 3-4　ホットボタンとは？

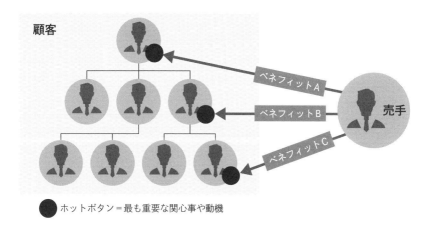

● ホットボタン＝最も重要な関心事や動機

　DMUを理解するための事例としてよく挙げられるのが車の購入の場面です。家族づれが新車の検討をしています。営業マンは、熱心に話を聞いているご主人を説得中ですが、実は購買の決定権を持っている、つまりお金を支払うかどうか承認権限を持っているのは奥さんであるというケースが多いということです。このように実際に使う人や商談をしている相手以外に、決定権を持っている人がDMUです。いくら熱心にダンナさんを説得しても、DMUである奥さんが納得ができなければ受注できません。営業マンは奥さんの価値観、選択基準に合わせて、この車のよさを伝える必要があります。
　ダンナさんは機能性やブランドを重視、一方の奥さんの選定基準は燃費であったり経済性であるかもしれませんし、室内のデザインであるかもしれません。または家族全員が乗れる居住空間であるかもしれません。このように、本当の決定権を握っている人が、今対面している人とはまったく違う車を欲している場合もありえます。営業する側としては、同じ車でも異なる価値基準に合わせて、アピールする内容を変えていくべきです。かっこいいのはわかるけど、燃費はどうなの？　家族が楽しく長距離の旅行を楽しめるの？　荷物はたくさん載せられるの？　というような関心に合わせた説明が求められるのです。

この例は一般消費者との B2C の商談ですが、B2B の DMU は特定が困難で、複数存在する場合が多く、また影響力の大きさも読み解いていかなければなりません。承認プロセスに関わる人が多かったり、システムや業務の手順の変更を伴うものを取り入れる場合、その業務の変更に影響を受ける組織の責任者やユーザーなども DMU となりうるからです。対面している担当者が DMU であるとは限りません。

　例えばシステム導入の案件があったとします。技術的な要件を100％満たし、技術面では100点満点を取れたとします。しかし発言権は、購買のほうが強く真の DMU は購買であったならどうでしょう。購買の人の関心が、予算内であること、より安価であることであった場合は、いくら技術点がよくても、リーズナブルなほうを選択する可能性があります。

　DMU は誰で、どういう立場で、その人たちの価値基準は何なのか。顧客の分析では組織図と意思決定に関わるキーパーソンを書き出し、その人はどのような価値基準を持っているのか、ヒアリングを重ねて情報を集めながら推測を重ねていきます。

キーパーソンの人物像を掘り下げる

　以下は、DMU となる人たちのことを深く知るためのチェック項目です。これらを参考に人物像を描いていくとよいでしょう。

- 仕事における役割と責任範囲
- 仕事上のプライオリティ
- 評価基準
- 主要な関係部署、関係者
- キャリアの方向性
- ワークスタイル
- コミュニケーションスタイル

- 気がかりなこと
- プレッシャー
- これまでの仕事上の経験、実績
- これまでの教育
- 仕事以外の興味、関心事
- 大切にしている価値観

　仕事の役割と責任範囲、給与に影響する評価基準、今期の目標……などは当人にとって絶えず頭の中にある関心事かと思います。そのほか個人的な関心事、現在のやる気、動機づけされる要因についても、その人を突き動かすツボとなるはずです。"理"と"情"の両方を理解することが大切です。

2.2　顧客の評価基準は何か

　提案に対する顧客の評価基準もつかんでおきたい情報の一つです。顧客組織の評価基準はホットボタンと強い関連があります。ホットボタンと評価基準は、提案書をつくるときの主要な論点の一つになりますので極めて重要です。

　顧客はどういう基準で各社の提案の善し悪しを評価しようとしているのか、どんな点を重視するのか、ということを想像します。直接ヒアリングで引き出す、または、今後、顧客とよい関係が構築できれば、評価基準の案をこちらから提案するという場合もあります。
　もちろん、提案依頼書（RFP）に評価基準が記載される場合もあります。RFPに書かれた評価基準については、実際に提案書を書く際には必ず押さえなければならない最重要ポイントとして意識しなければなりません。

2.3 スケジュールを把握する

　顧客側の購買に関するスケジュールの確認も必要です。これは、時間的な要素を分析するということです。「購買に関わる大事な決定はいつなされる予定なのか」を把握することで、顧客への説得活動において、何をいつやればいいのか適切な時期を特定できます。

　意思決定がされた後で決定を覆すのは相当な労力を要します。顧客側のスケジュールに合わせて必要な情報を提供したり、説得活動を行うようにします。

顧客情報は「事実」ベースで集める

　このような情報収集を行い、誰がいつ、どういう基準で意思決定を行おうとしているのか仮説を立て、そのタイミングや相手の関心事、ホットボタンへ働きかける活動計画をこの後立てていきます。

　これらの分析で大切なのは、「事実」ベースで行うことです。ヒアリングをしたときに実際に発言していたこと、外部向けの講演の際に発表していたこと、株主向けの業績発表のプレゼンテーション、新聞や雑誌の記事、ホームページで公開されている情報などを収集します。そして、この顧客が何に困っていて何を欲しているのか、さらに、組織の中で購入するかどうかの意思決定に影響する人は誰なのか、その人の真のニーズは何か、どういう基準で提案の善し悪しを判断しようとしているのかなどを、当事者の立場に立ってできるだけ高解像度でクリアに描いていきます。

2.4 業界特性や外部環境を知る

　顧客の業界特性や業界を取り巻く外部環境を理解することは、顧客の本質

的なニーズをつかむ上で役立ちます。

　業界特性や業界を取り巻く外部環境を分析する方法として代表的なものが、「PEST分析」です。
　PESTとは、Politics（政治）、Economics（経済）、Society（社会）、Technology（技術）の頭文字を取ったものです。業界を取り巻くこれらの4つの要素の変化は、企業活動に機会や脅威をもたらします。
　Politics（政治）の要素としては、事業に影響を及ぼす法改正や規制緩和など、政治の側面で業界構造に変化をもたらすものをさします。例えば、昨今の働き方改革であれば長時間労働の是正、多様で柔軟な働き方の実現が法律で企業へ義務付けられることにより、労働生産性向上に向けた目標達成が経営の必須課題となりえます。
　Economics（経済）の領域としては、事業に影響を及ぼす景気の動向などです。少子化により市場規模が縮小する業界であればあらたな収益源の確保が課題となりえます。販路開拓や新規事業創出などが事業計画に盛り込まれることになるでしょう。
　Technology（技術）の進歩は、人々の生活様式に変革をもたらしSociety(社会)の価値観を一変させます。変化する価値観に即したサービスの見直しが迫られます。

　このように外部環境の変化がもたらす機会や脅威をキャッチし、企業活動の舵取りをするのが経営者の関心事です。外部環境を織り込んだ上で、事業の目的に従う全社事業計画が策定され、個々の事業や部、課、個人、プロジェクトに達成目標を課しています。そして達成に向け、自社だけでは実現し得ない解決策を、提案企業に求めていると言えます。提案者への相談は、そもそもどんな課題に起因するものであるのか、上位目標にさかのぼって関連性を紐解くことで、提案の目的が明確になりミスマッチな提案の予防に繋がります。

　顧客の課題を理解するには、上場企業がホームページなどで株主向けに公

開している IR 情報を参照するといいでしょう。経営に影響を及ぼす環境変化や、事業における課題やリスク、事業の方針などが書かれています。

　非上場企業について調べたい場合は、事業内容が類似する複数の上場企業の情報から傾向をつかむといいでしょう。読み取れた情報や、顧客との対話から得た情報をオポチュニティプランに書き出し、この会社の経営者や社員になったつもりで、プロジェクトにおける課題を自分ごととして理解し、提案側の知識やリソースを活用してどのような貢献ができるのかを考えてみましょう。時には、顧客自身がプロジェクトの将来像や課題を設定できないケースもあることと思います。そんな時は、こうした分析を顧客とともに行うことで、解決策を作り上げるきっかけになることでしょう。理解した内容や提案の方向性に齟齬がないか、のちに紹介するエグゼクティブサマリーのたたき台を用いて、顧客と対話しながら、共通認識を形成していくといいと思います。

よい提案とは、「コンプライアンス」かつ「レスポンシブネス」であること

　APMPでは、よい提案の条件を「コンプライアンス」かつ「レスポンシブ」を満たすことであると定義しています。

　コンプライアンスとは、RFPで明示された要求を100%満たす提案です。レスポンシブネスとは、RFPに書かれていない潜在ニーズへの理解を示した上で、それに対する解決策を明示できる提案をさします。要求仕様をすべて実現する提案は競合他社も行ってくるはずです。100点を取れたとしてもそれだけでは勝てないのです。顕在ニーズ、潜在ニーズの両方に応えるよい提案を作る上で、こうした背景の理解が役立ちます。

2.5 ｜ 成功事例から学ぶ①

　では冒頭の成功事例ではどのようにキーパーソンとホットボタンを絞り込んだのでしょうか。見てみたいと思います。

CHAPTER 3
提案依頼が来る前に顧客の心をつかむ！

図表 3-5　顧客の分析は外部環境 → ホットボタンへ

外部環境	企業を取り巻く外部環境は？（政治、経済、社会、技術）
企業	企業理念、ビジョン、事業計画、企業文化は？
組織	組織構成、構成人員、組織の目標やミッションは？
プロジェクト	プロジェクトの目的、課題は？　このプロジェクトに対する評価指標は何か？
人物	キーパーソンは誰か？　その人の役割、価値観は？
ホットボタン	キーパーソンが最も困っていることや成し遂げたいことは？

これらの分析から

- なぜ必要としているのか
- 誰を説得すればいいのか
- その人のホットボタンは何か
- いつ決定されるのか

……などを導き出して、的を絞っていく

プロジェクトの理解

　まずは話を持ちかけられたプロジェクトについて理解を深めるために、これまでのヒアリングの内容や、新聞雑誌やインターネットで調べたことをもとに情報をまとめました。

プロジェクトを取り巻く環境

　このＡ社が過去数年間赤字が続いていることは新聞報道でも明らかであり、コスト削減や新たな売上拡大のプレッシャーがかかっていることが想像されました。その対策として社長直下に設立された業務改革部は、短期間で目に見える改善結果が期待されていることも明らかです。

プロジェクトの本気度合い、確からしさ

　このプロジェクトは社長直下の組織で、近年の業績悪化、赤字が続いたこ

とから、早急な黒字化施策の一つとして臨時で設立された組織です。社長の肝いりで立ち上がり、優秀な人材が任命されていることから、立ち上げたはいいが尻すぼみになっていつかなくなるという類の打ち上げ花火的施策ではなく、年内の完遂に向けて確実な購買が期待できる条件が整っていると読めます。そのため、この後の提案に必要な人材の任命や、受注後の体制についても先行着手する価値がある提案であると判断しました。

プロジェクトへの評価基準

またこういった臨時の組織は短期間での成果が要求されているであろうと予測できます。

そのため、この部署の管理職の人たちは特に短期的に目に見えた結果を出すことが関心事の一つであると推測しました。こういった仮説が、ホットボタンの候補となります。

DMU の分析

そして次に組織図を描き、意思決定に関わる人たちをリストアップ。その人たちの、仕事上の役割やプレッシャー、課題、そして個人的な価値観やモチベーション等、人物像を掘り下げていきます。そのうえでキーパーソンは誰かの絞り込みと、ホットボタンを探しました。

このプロジェクトに密接に関わる利害関係者は、業務改革部、システム部、支店、そして実際に電話をかけてくるお客様、それに社長としました。

その中でキーパーソンを業務改革部のリーダーである○○さんと定めることにしました。過去の会話の中で得られたリーダーの印象から、リーダーが選定した解決策を上司や社長に提案して説得できれば会社は動く、というふうに仮説を立てました。また、要求内容が必ずしもシステムありきではなかったため、システム部に対して説得するよりもまずはこのリーダーの悩みをつかみ、彼の悩みにフォーカスした解決策を立案することにしました。

そこでリーダー自身のホットボタンに加え、今後、リーダーが説得しなければならない社長、上司のホットボタンとなるであろうキーワードを以下のように選定しました。

- 短期間で結果が出ること
- スムーズな移行ができること
- リスクを回避すること
- 顧客満足は維持し続けること

図表 3-6　DMU分析の例

		仕事上の役割	人物像 個人的な価値観等	意思決定における役割	ホットボタン
社長	社長	早急な黒字化		承認者	・コスト削減 ・売上増加
業務改革部	○○部長		リーダーにまかせている	承認者	リスク最小化
業務改革部	○○リーダー	・業務改革プロジェクトのリーダー ・ソリューション選定や展開プランに責任を持つ	・社内調整が適切。会社を動かしているように見える ・このプロジェクトのオーナーとして振る舞っている ・過去の営業経験もあり今回のプロジェクトの意義は痛切に感じている。なんとしてでもやりとげたい	提案の評価者	・短期で結果が社長に提示できること ・目に見える成果が出せること ・営業の負荷を低減できること
システム部	○○部長	・社内システムの構築、運用に責任を持つ ・このプロジェクトではシステム選定段階から関わる予定		提案の評価者	
システム部	○○課長	社内システム構築に責任を持つ	既存ベンダーと懇意にしている	提案の評価者	
支店	支店長	・支店の業績 ・オペレーション負荷をがくんと落としたい		ユーザー	・営業時間捻出 ・顧客の声が拾えること ・円滑な移行 ・業務を止めない
支店	営業			ユーザー	・営業時間捻出 ・煩雑な対応からの解放
お客様			・使いやすさ ・問い合わせの対応 ・満足できるか	ユーザー	・迅速な対応 ・丁寧で親切な対応

このほか、自社とDMU（キーパーソン）との関係、DMUたちの社内での人間関係などもわかれば分析しておくと、今後アプローチしていく際に参考になります。

この段階ではすべて埋めることはできないかもしれません。不確かな部分があっても、そのまま走ることが必要なときもあります。

CHAPTER 3
提案依頼が来る前に顧客の心をつかむ！

図表 3-7　案件概要は都度、更新していく

顧客名	企業A社
プロジェクト名	業務改革プロジェクト
担当	リーダー　　○○○○様
背景	業績悪化に伴い支店業務のオペレーションを抜本的に見直すために業務改革部が設立された
目的	コスト削減、効率化、お客様へのサービス品質は維持
課題	地域に点在する支店において、顧客からの問い合わせの電話対応に多くの営業マンの時間が割かれていた 電話応対の時間を削減し、営業活動に多くの時間を当てられるようにしたい そのためのシステム導入を検討中
情報提供依頼	支店で対応している顧客からの問い合わせ電話対応をセンター化したい。そのためのシステムを構築するので役立つ情報提供が欲しい
予算	不明　（次回以降のヒアリング課題）
スケジュール	不明　（次回以降のヒアリング課題） しかし早ければ早いほどよいであろう
競合	この会社のシステムの多くを担当している大手企業
このプロジェクトが評価されるポイント	短期間で目に見えた結果を出すこと 従来の業務の質を維持すること 顧客対応品質を維持すること 営業マンの客先訪問時間を捻出できること
重視するポイント	スモールスタート リスクを避けること 移行のしやすさ 短期で結果が出るかどうか

情報を書き加えていく

51

3 競合／自社の分析
（競合よりも優位なところはどこか）

3.1 競合比較のやり方

　ここまでのところで 3C 分析の最初の C、Customer 顧客について分析をしてきました。ここからは残りの二つの C についての分析に移ります。Competitor 競合と Company 自社の分析です。

　この案件に参画する可能性のある競合他社を列挙し、各社の強み・弱みを分析します。そして各社が、顧客の要求に対してどのような提案を持って挑んでくるのかを想定します。

　この比較は顧客の目に自社と競合他社がいかに映っているかという観点で比較をしていくとよいでしょう。もしくは、顧客の分析で判明したホットボタンや評価軸を基準に、自社及び競合他社の強み弱みを比較していきます。

図表 3-8 強み・弱み分析

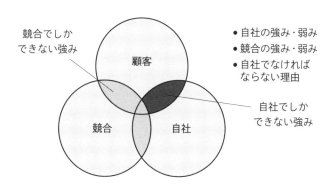

図表 3-9　自社と競合の強み・弱みの分析の例

	強み	弱み	なぜ競合ではないのか なぜ自社なのか？
自社	・類似のプロジェクトの実績 ・プロジェクト管理体系	・既存業務の理解度 ・性能 ・価格が高い	・プロジェクト品質 ・完遂力 ・運用コストの可視化
競合A	・既存ベンダー ・顧客業務を熟知 ・ハードウェア性能 ・低価格	・プロジェクト管理に顧客が不満を持っている ・運用保守費用が高いと不満を持っている	プロジェクト品質に不安

　例えばこういう例はどうでしょう。競合が顧客の既存ベンダーで、自社が後発。こういう例で競合と自社を比較するとします。

　競合の強みは顧客の業務を熟知していることです。また、システム更改の際に、他社の製品やサービスに買い替えた場合にかかるスイッチングコストが、既存ベンダーであればかからずに済むという強みもあります。

　一方、顧客が現行サービスの費用内訳をしっかり把握しておらず、何にお金がかかっているのか、現行の運用コストの額が適切なのかが不明瞭であることに対して疑問を持っているとします。その場合、ブラックボックスなコスト構造が競合の弱みとなる可能性があります。

　ここで大事な点は比較軸です。顧客から見てどう見えるかという観点で比較します。顧客の要求に対して、なぜ自分たちのほうがよいのか、なぜ競合ではだめなのかというポイントを抽出します。

マトリクスで比較する

　提案提出後に顧客がベンダー各社の評価を行う際には、図表3-10のようなマトリクスで比較することになるかと思います。このフォーマットを応用して、顧客から見たベンダー各社の強み、弱みを、顧客の評価基準に則して比較しましょう。

図表 3-10　競合比較マトリクス

顧客の評価基準	重要度	自社		競合A		競合B	
		評価	得点	評価	得点	評価	得点
コスト	3	3	9	5	15	4	12
品質	5	4	20	3	15	4	20
実績	4	4	16	2	8	3	12
機能の網羅性	2	5	10	2	4	3	6
合計			55		42		50

顧客が加重を高くする評価項目を見つけ出す。
そこを手厚くできるよう、提案内容、提案の仕方、見せ方を考える。

　一番左の縦の欄には顧客の関心事や評価基準、ホットボタン等、重要なものをリストにします。そして、それぞれの項目に対して、顧客の関心の強さに応じて重要度を1～5で採点します。また、各項目に対する各社の評価を1～5で行います。そして、重要度と評価の点をかけ合わせて、各社の得点を決めます。

　あくまでも顧客がどう認識しているかを想定しながら、顧客の立場で評価をしていくことが大事です。つい自社目線になりがちですから注意します。これまでの顧客や競合の事実情報をもとに、現実的に判断をして評価するようにします。

　こうした分析から、競合と比較した自社の現状の強みや弱みが見えてきます。これを参考に今後強化すべき行動を考えていきます。オポチュニティプランの実行中に自社の得点を上げられるよう、すべき活動を計画に取り込みます。

　そしてこの比較は、定期的にレビューをすることをおすすめします。

3.2 成功事例から学ぶ②

ではここまでの競合比較を冒頭の事例に当てはめてやってみます。
今回の顧客のホットボタンの候補として、以下のものが挙げられました。

- 短期間で結果が出ること
- スムーズな移行ができること
- リスクを回避すること
- 顧客満足は維持し続けること

競合はおそらく、顧客の要求通りのシステム構築に関する提案をしてくることが予想されます。いくつものシステム構築経験を活かし、またシステム

図表 3-11　自社と競合の強みと弱みを分析する

	想定提案ソリューション	強み	弱み	なぜ自分たちなのか？なぜ競合ではないのか？
競合A社	システム構築提案	・大手SIer ・人材が豊富 ・顧客の業務を熟知 ・システム構築経験が多数	・構築期間がかかる ・結果が出るのがシステム導入後からでないとだめ	・6ヶ月後でないとスタートできない ・まとまった投資が必要 ・途中でやめられない
自社	コールセンターのサービス提供提案	・すでに自社でサービス化されている。 ・機材を所有しないため初期投資が少なくて済む ・短期間で結果が出る ・教育等が不要	・業務知識がない ・この会社内の導入実績がない	・スモールスタートでトライアルから実施可能 ・1、2ヶ月後にはスタートできる ・リスク最小化のホットボタンに合う ・初期投資を抑えられる

部とのこれまでの付き合いや既存の業務知識という強みをフル活用した内容で提案してくるだろうと想定しました。

　それに対してこの事例では、提案内容を、当初の顧客の要求である電話対応のための新たなシステム構築ではなく、抽出したホットボタンをもとに、「コールセンターのサービス提供」を提案することを選択しました。この会社はシステム構築がメインの会社であり、顧客の要求通りのシステム開発ももちろん可能です。しかし、コールセンターのサービスの提案を選択することにより、競合の提案よりも顧客のホットボタンに合った提案ができ、自社の圧倒的に不利な立場を弱めて、強みを活かすことができるため、そのような方針を取ることにしました。

4 プランを具体化する

4.1 分析結果と提案内容をまとめる

　ここまでの分析を通して、「顧客にとって自社でなければならない理由」となりそうな、他社と比べて優位性を発揮できる方向性が見えてきました。さらにその強みを強化して顧客の組織に存在感を定着させるための具体的な行動計画を立てます。

　これまで明らかになってきた点については、図表3-12のように要約してまとめておきます。実はこれは、のちに提案書の一部となる「エグゼクティ

図表 3-12　ここまでのまとめ（エグゼクティブサマリのもとになるシート）

背景	支店にかかってきているお客様からの質問の電話応対を各営業が対応しており、業務の大半の時間を占めている。この応対をセンター化するためのシステム構築をお考えである			
目的／将来ビジョン	営業がセールス活動にかける時間を増やす コスト削減を図る			
ホットボタン	短期間で結果が出ること	スムーズな移行	低リスク	品質維持
解決策	弊社コールセンターへの移行	サービス利用	スモールスタート	顧客満足の高い応対
ベネフィット（利益）	システム構築の完成を待たずにサービスを開始できます	既存サービスであるためすぐに移行が可能。大規模な初期投資や維持費が不要です	地域限定で試してみて評価してからの導入が可能です	今までの応対の品質を維持します
プルーフポイント（証明）	導入事例	実績リスト	買取型との比較	顧客の声
他社との違い	すぐ提供できること	安心安全な移行	サービス利用料という支払形態	ノウハウ

ブサマリ」のたたき台になります。エグゼクティブサマリとは、提案内容が他社の提案より優れていることを理解してもらうために、意思決定者をターゲットに提案の要旨を簡潔にまとめたドキュメントです。私の知る限り、エグゼクティブサマリに該当する部分は提案書を書き終えた後に書くことが多いようですが、APMPでは提案書作成の前段階で書き始めることを推奨しています。顧客の要求と自社の提案内容を関連づける検討ツールとして早期から書き始め、戦略策定や顧客との関係づくりに役立てます（詳しくは第6章で説明します）。

ここでは簡単に、今までの分析結果をまとめるフォーマットとして紹介しますが、これがエグゼクティブサマリのもとになるということを覚えておいてください。

背景

今回、顧客が購買や提案依頼をすることになった背景を、顧客が用いる言葉で表現します。顧客を取り巻く外部環境や、顧客の組織に課せられた課題等が該当します。

目的／将来のビジョン

背景を受けて発足したプロジェクトの目的やねらいについて顧客の用いる言葉で表現します。顧客の課題や将来のビジョンについて理解していることを書きます。

ホットボタン

意思決定に関わる人たちの特に重要なホットボタンを二～五つ程度に絞ります。絞る理由はホットボタンがたくさんありすぎると、論点がはっきりせず、相手の印象に刻まれにくくなってしまうからです。

解決策とベネフィット（利益）

ホットボタンへの解決策とそれが顧客にもたらすベネフィット（利益）を述べます。

ベネフィットは顧客が主体の言葉でまとめましょう。製品のよさについては語らず、この解決策を顧客が採用することにより、顧客が享受できるベネフィット、利益を記入します。

例えば、「最新テクノロジーを搭載している」であるとか「前の機種よりもここが改善されている」というようにその製品やサービスが主語となる表現にしてしまいがちですがそれは誤りです。ここでは「お客様の○○という課題が解決できる」「お客様の処理速度が△％くらい早くなる」など顧客のホットボタン、解決したいことに対して有効かどうかを表します。

なお、148ページでは「FAB + PD」というフレームワークを紹介しています。併せて参照してください。

プルーフポイント（証明）

これらのベネフィットが本当に実現できることを証明するために、客観的なデータを添えます。例えば市場シェア、導入実績、取得資格、メディアからの評価、顧客の声等です。

他社との違い

なぜ自社の提案が顧客にとってベストなのか、他社と違う点は何かをまとめます。強み弱み分析のところで出てきた差別化ポイントを参考にしてまとめるとよいでしょう。

4.2 具体的な行動・計画を立てる

　図表3-12のような顧客へのアプローチの方針が決まったら、具体的な行動を開始するため、担当を割りふります。

　活動の基本となるのは主に以下の四つです。

- 自社の強みを強調する
- 自社の弱みを弱める
- 競合の弱みを強調する
- 競合の強みを弱める

　APMPでは、効果的な戦略プランは戦略と戦術をともに取り入れることと言っています。戦略は顧客の組織にとって自社でなければならない理由と言い換えてもいいでしょう。
　また戦術的な部分は、戦略をどのように実行し、次のステップにつなげるかという部分と言えます。

　例えば、「他社にない自社の強みは、顧客の要求する品質に迅速に対応できる開発体制である」とし、これを顧客に認識してもらうことを戦略として掲げたとすると、

戦略：顧客の品質要求に応じて迅速に対応できる開発体制を提供する
戦術：自社の開発担当者との顔合わせを行う
　　　顧客に対して品質管理体制に関するプレゼンテーションを行う

　というような形で表現できます。
　戦術の部分は行動計画としてリストにまとめて、担当者と期限を設けます。

図表 3-13　行動計画の例

No.	すべきこと	ゴール	担当	期限
1	提案書のドラフトを作成	キーパーソンであるリーダーに見せるための提案書を作成する	営業、PM	1/20（金）
2	顧客訪問 リーダーに向けて提案	リーダーに自社が課題を理解していることを認識してもらう プロジェクトに関する情報を収集する コールセンターの提案に他社との違いがあることを理解してもらう	営業、○○さん	1/27（金）
3	デモルームに視察に来ていただく	サービス内容を現地に行って理解してもらう	営業、▲▲さん コールセンター、△△さん	2月上旬

※ PMはプロジェクトマネジャー。

　多くの場合は、他の業務の傍らこの案件の活動にも参加しているという状態だと思います。そのため、この案件に関しては、空いた時間に対応するとなりがちです。そこで必ず各行動に担当者と期限を決めてメンバー全員で共有し、確実に遂行されたかどうか、定期的なレビューを行い確認していきます。

　図表3-13は、前述の事例の行動計画の一部です。自社が強みとして認識しているサービス提供について、顧客はまだ十分に理解をしていません。そのため、まずはキーパーソンとなる顧客側のリーダーに、自社が認識している顧客側の課題や目的、それに対する自社の提案を理解してもらうためのプレゼンを行動計画に盛り込みました。

　また、コールセンターサービスを経験できるデモルームへの招待のスケジュールを仮置きしました。

5 オポチュニティプランのレビューを受ける

5.1 第三者によるレビュー

　この章で作成した文書は、オポチュニティプランとしてまとめ、第三者のレビューを受けます。提案チームのメンバー以外によるレビューであることがポイントで、レビュアーは、(提案チームではない)営業の人、顧客をよく知る人、提案製品やソリューションをよく知る人などです。フレッシュな目で分析した結果を評価し、過不足、抜け漏れ、解釈に間違いがないか確認してもらうのです。

　レビューのチェック項目は次の通りです。

- 顧客のニーズや要求を理解できているか？
- 顧客の組織やキーパーソンを特定できているか？
- 競合を特定できているか？
- 競合よりもアドバンテージのある戦略か？

　チームメンバー内だけで計画策定を行うと、顧客の視座からではなく、自分たちの思い込みやバイアスがかかった捉え方で前提をつくり、誤った解釈をもとに行動計画が練られてしまうことがあります。そこで第三者の力を借りて、何が事実なのかをはっきりさせます。事実を整理すると、適切な行動が見えてくるはずです。また、事実整理により、不足している情報が何かがわかります。不足分は、今後、顧客との対話を通して収集します。新たに加わった情報は文書に追加し、随時内容をブラッシュアップしていきます。

　ブラッシュアップが進んだら、今度はマネジメントによるレビューを受け

図表 3-14 これまでに作成した文書

案件概要	顧客情報	顧客側関係者の情報	顧客の組織の理解
・顧客名 ・プロジェクト名 ・背景 ・目的 ・予算 ・スケジュール	・背景／目的 ・顧客の課題 ・ホットボタン ・選定スケジュール ・評価基準		

競合分析	提案戦略	エグゼクティブサマリたたき台	行動計画

るとよいでしょう。より高い視座から広範囲に評価をしてもらい、抜け漏れをチェックしてもらうとともに進め方についてアドバイスを受けます。トップマネジメントは承認を行うことで、提案活動を支援し、必要なリソースの提供などの社内へのコミュニケーションに協力します。

5.2 定期的なレビュー

第三者やマネジメントによるレビューを受けたあとも、オポチュニティプランは絶えず更新をし、また、61ページで立てた計画通りに活動が進んでいるか、進むべき方向の修正が必要ではないかを定期的にチェックする必要があります。そこで、定期的なレビューの機会をあらかじめ設定をしておきましょう。毎週なのか、隔週なのか、月に1度なのか、提案活動の規模や期間に応じて設定するとよいでしょう。もちろんここでも競合比較マトリクスや

案件情報の見直しも合わせて行います。

5.3 成功事例から学ぶ③

　これまでオポチュニティプランとして、営業とプロジェクトマネジャーの二人でさまざまなドキュメントを作成してきました。この内容をレビューするためにまずはこの顧客と過去取引したことのある営業や、こうしたサービス型のソリューションに詳しい人を集めてレビューミーティングを開催。ミーティングでは過去の類似案件情報や、説得のネタとなる実績情報を得ることができました。

　さらに、受注できた場合にサービス提供で関わる部署のマネジメントを集めてレビューをしてもらいました。
　レビューでは新たな課題として、顧客の業務改革プロジェクトのスケジュールや予算規模について確認をしてくることと、必要であればトップマネジメント自らが顧客を訪問することも可能であることを確認できました。
　レビューで得られた情報ややるべきことはすぐに行動計画に書き入れました。

オポチュニティプランの実行

6.1 | 顧客との擦り合わせ

　最後に、オポチュニティプランで立てた行動計画を実行に移す際のポイントを解説してこの章を終えたいと思います。

　APMPでは、この章で立ててきたオポチュニティプランの実行段階でビジョンやバリュープロポジションを顧客とともにつくることを推奨しています。

　ビジョンについてはAPMPのテキストでは明確な定義がありませんが、製品やサービスを導入することによりどのような改善や成長をしていきたいか、プロジェクトが完了した時点でどういう状態にありたいか、その着地点での状態のことです。

　また、バリュープロポジションとは、外資系企業やマーケティング業界でよく使われる用語で、顧客がなぜ自分たちが提供する形の見えないサービスや解決策を選ぶのか、その価値を端的に表現したものです。日本語では上手な訳がありませんが、「提供価値」「コンセプト」「キャッチコピー」等の意味合いを持っています。

　APMPにおいては、一方的に自社を主張するのではなく、顧客と対話をしながら、一緒にビジョンとバリュープロポジションをつくり上げていくところに特徴があります。そのプロセスを経ることにより、顧客にとっての提供価値についてよりよく理解できるとともに、自社の提供価値をより深化させることができます。

　バリュープロポジションの中身としては、なぜそのソリューションを競合

ではなくてあなたから買うのかを顧客自身、そして顧客が社内で上位マネジメントに説明できるような理由を簡潔にまとめます。

よいバリュープロポジションのポイント

- 簡潔であり、すぐわかる
- 顧客の課題と自社のユニークな価値が関連している
- 顧客が享受できるベネフィット（利益）に自社独自のウリが関連している
- 他社との違いが明確になっている
- 自社にしかできない強みを主張している
- ベネフィット（利益）を提供できる証明、例えば第三者からの評価（受賞歴やシェア等の情報）がある
- 定量化されている（投資に対するリターンの金額、時期、時間軸、割合等）

このように、ビジョンやバリュープロポジションを共につくり上げることにより、顧客の悩みをより深く突き止めることができると同時に、自社の優位性を顧客の社内に印象づけられるのです。よき相談相手としての座を獲得し、場合によっては顧客組織のキーパーソンとつながることができるなど、思わぬ副次的な効果をもたらす場合もあります。

成功事例に当てはめると以下のようになります。

ビジョン

コールセンターへの業務集約により、新規顧客開拓数が増加し、売上向上できている

バリュープロポジション
- 早期導入→3ヶ月後には新業務が開始できます。
- スモールスタート→初期投資を抑えつつ小規模からトライアルできます。
- 対象業務の熟知→お客様は本業に専念いただけます。

6.2 一枚提案書を作成する

　顧客と対話を重ねる方法として、本書では一枚提案書をつくることをおすすめします。
　顧客について理解したこと、提案の概要を紙1枚にまとめます。この章でつくった文書から必要事項を抜粋し、顧客に見せることを意識した文章・レイアウトに変えて、A3サイズの用紙に印刷します。ひと目で提案の全体像が把握できるようにまとめるのがポイントです。
　この一枚提案書を顧客訪問時に提示しながら、自分たちの理解をまとめたので見てほしいということ、そして、顧客側の認識との間にギャップがないかを確認します。

　一枚提案書で注意したいのは、顧客のことから書くということです。いきなり自分たちが売りたい製品やサービスの紹介からスタートするのではなく、相手の置かれている環境から、課題を想定して書きます。そうすることにより、相手に「話を聞いてみるか」と思ってもらうことができるのです。

　68ページに一枚提案書の例を載せました。最初からすべての枠を記述することは難しいかもしれません。まずは自分で埋められるところを埋め、相手と対話をする際に、不確かな部分は相手から情報を引き出し、共に埋めていきます。自分が理解している範囲とその根拠を述べ、問題点はどんなことなのかを聞き出すきっかけをつくります。
　このような項目をまとめることで、提案の目的、問題解決の目標、提案対

図表 3-15　A3サイズ1枚にまとめた一枚提案書の例

XXXX株式会社御中　業務改革プロジェクトに関する提案書

背景／目的

背景	目的
・業績が悪化している ・営業担当者が既存顧客の対応に多くの時間を割いている	・売上向上 ・コスト削減

解決策と期待される効果

解決したい課題		解決策
・営業が新規顧客開拓に集中 ・既存顧客対応の効率化		・既存顧客対応プロセスの再定義 ・コールセンター導入

提案ソリューション

- コールセンターサービスの提供
- 導入支援コンサルティング

他社との違い

- 自社コールセンターサービスにより、スモールスタート、早期導入が可能
- 業務を熟知するからこそ、安心して任せられる

年　月　日　担当者名

業務改革プロジェクト

問題解決に際し重視したい評価基準

- スピード
- 低リスク
- 初期コストの圧縮
- 拡張性の確保
- 移行の容易性

期待される効果

- 新規顧客開拓数増加
- 売上向上
- 既存顧客対応のコスト削減

スケジュール

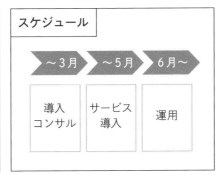

～3月：導入コンサル
～5月：サービス導入
6月～：運用

投資効果／費用等

効果予測（運用コスト／売上向上）

象の範囲、期待するベネフィットや、プロジェクトの予算や期間に関して顧客と合意したうえで、提案内容を擦り合わせておくと、顧客の心をつかむ提案書作成を競合よりも先にスタートさせることができます。さらには受注を想定して、専用の体制づくりに着手することもできます。

　また、一枚提案書は、顧客に社内を説得するための説明資料として使用してもらうことも可能です。顧客は顧客で、なぜ新しい製品やサービスを買うのか社内を説得しなければならないはずです。

　そのほか一枚提案書は、顧客が提案依頼書（RFP）を書く際にもたたき台として使用できます。顧客のRFPに、他社では実現できない自社に有利な機能や条件を盛り込んでもらえるように導ければ、当然、勝率は高まります。

　顧客が次に起こすアクションを見据えてたたき台を提供したり、顧客と一緒に必要書類を完成させることで顧客側組織も動かせる可能性が高まります。この一枚提案書が一人歩きをしても問題がないように、顧客の立場に立って作成するようにしましょう。

6.3 ｜ 成功事例から学ぶ④

　この事例では、顧客側のリーダー自身のホットボタン、それにリーダーが社内説得を行う主な対象となる、その上司や社長のホットボタンを含めて一枚提案書にまとめました。対話を始めて日が浅いため、すべての情報が埋められたわけではありませんが、前提や仮説を立てておおよそ埋めた状態でA3サイズに印刷をして顧客側のリーダーを訪問しました。

　応接室の机の上にA3サイズの一枚提案書を広げ、まずは、自分たちが理解していることをまとめたので見てほしいということで、仮説に基づきまと

めたプロジェクトの背景や目的、それに紐づく自社の提案をプレゼン。顧客は想定していたシステム構築提案ではなく、コールセンターサービスの提案であることに対して驚きつつも、短期間で結果を出さなくてはならないというプレッシャーへの理解、また初期投資を抑えられる点に興味を持ってもらい、身を乗り出して自分の課題について打ち明け始めてくれました。その結果、リーダーが社内を説得するための資料づくりのために、追加の情報提供を行うこと、継続的に面談することで話はまとまりました。

　その後、顧客側のリーダーとともに、この解決策を導入することによるメリットや、投資の効果について分析をして、顧客側組織を説得するための資料をつくり上げました。社内でシステム構築を行う際はシステム部が関与しますが、コールセンターのサービスを用いた提案であったため、システム部は関与しませんでした。
　結果、システム部への説得をすることなしに、またコンペもなしに、受注を得ることができました。

　この事例では、顧客との対話を進める一方、自社内の調整も進めていました。
　これまでシステム構築に力を入れてきたこのチームにはコールセンターサービス提供型のモデルの実績がなかったため、なぜ今回このようなコールセンターサービス提供型のモデルにしたのかの説明と、その体制づくりの必要性を社内でプレゼンしなければなりません。そのときも顧客とつくり上げた一枚提案書やオポチュニティプランの分析結果などを活用して説明をし、無事理解を取りつけることができました。サービス提供に向けた人員の任命を関係部署から得ることもできました。

　受注後の体制づくりのための社内調整を早めに開始できたおかげで、プロジェクトが短期間で立ち上がり、顧客の問題解決に貢献することが叶いました。

RFPのドラフトを入手したら（承認ゲート③）

いよいよ顧客から提案依頼書（RFP）が届く段階になります。APMPはRFPのドラフトを入手した段階、正式なRFPを受領する前に、この先提案書づくりのための人を任命すべきかどうか、提案書作成プランのステップに移行するかどうかの意思決定の承認ゲートを設けています。

承認ゲート③：提案・入札参入の承認

目的	自分たちが提案コンペに参加する正当な理由があるか、十分優位なポジションにいるかを判断する。
会議の主催者	提案をリードする人、営業
会議での意思決定者	金額や案件の複雑さ、リスクに応じて規定された意思決定者 提案段階で人材などリソースを提供する部署のマネジャー
会議の参加者	営業、提案のコアメンバー
必要な資料・情報 （インプット）	オポチュニティプランでつくった資料
この会議の成果 （アウトプット）	提案に参加するかどうかの承認（次のステップに進むかどうかの判断）。進む場合は、プロポーザルマネジャーの任命、提案書作成チームの任命

　APMPではこの段階での判断を「ビッドディシジョン（ビッド参入・非参入の決定）」と呼び、以下のようなチェックを行うことを推奨しています。

- 顧客に提出するものとスケジュールを把握できているか？
- 顧客のベンダー選定の評価プロセスを把握しているか？
- 顧客が競合をどう評価しているのか把握できているか？
- 競合他社との比較を客観的に分析できているか？

- 提案ソリューション提供のために社内や提携先からの協力が得られているか？
- 今回の案件と関連性の高い過去の実績があるか？
- 提案内容に他社との違いを打ち出せるか？
- その違いは顧客にとって興味深いものであるか？
- 顧客の要件と自社の提供能力とのギャップを埋められるか？
- この案件を顧客は確実に実行するか？
- 顧客の予算を把握しているか？
- 勝てる価格を提示できるか？
- 顧客は当社に頼っているか？
- RFPのドラフトには想定外の要求は含まれていないか（含まれていないならよし）？

　上記のチェックの結果、「GO」となった場合は、提案書を作成するための計画「プロポーザルプラン」をつくって提案書作成に入ります。プロポーザルプランとは、勝つ提案書を効率よくつくるための計画です。詳しくは第4章で解説します。

　明らかに競合がRFP作成に深く関わり、その会社でないと実現できないような要求が必須とされている場合はこれ以降、提案書作成には進まずに、この案件に関する活動をストップさせます。明らかに負けとわかっている案件に人手を割かず、勝てる見込みのある案件に集中するという考え方です。

　提案・入札参入の承認ゲートは、提案チーム内、またはマネジメントによる評価会議で行いますが、このチェックリストはRFPがどれだけ自社に有利か（不利か）、どれだけ顧客に入り込めているかどうか、案件獲得の可能性がどのくらいあるかどうかを自分でチェックするのにも役立ちます。大いに活用しましょう。

CHAPTER 4

提案依頼が来たら：
提案書作成のプランをつくる

この章のポイント

ねらい	・勝つ提案書を効率よく作成するための計画を策定する
時期	・RFPを受領したら （望ましいのはRFPのドラフト版を入手したら）
登場人物	・案件全体を担当するマネジャー ・提案書作成期間をリードする「プロポーザルマネジャー」

プロポーザルマネジメントのプロセス

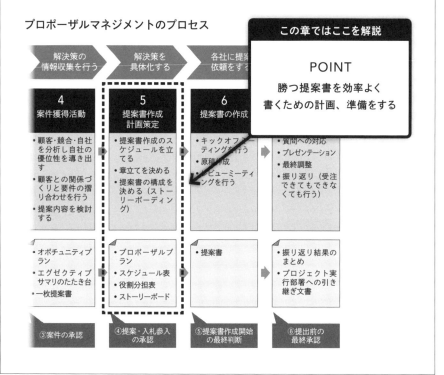

この章ではここを解説

POINT

勝つ提案書を効率よく
書くための計画、準備をする

CHAPTER 4
提案依頼が来たら:提案書作成のプランをつくる

1 提案依頼書(RFP)を受け取ったら

1.1 ホットボタンや評価ポイント、要求を抽出する

　よい提案を引き出すために、顧客は提案依頼の背景や目的、解決したい課題、提案側に要求する条件、提案書にて回答してほしい内容をドキュメントにまとめ候補ベンダー各社に配布します。その書類のことを提案依頼書(RFP)と言います。複数のベンダーにRFPを配布し、各社から提案を募り、その中から最もよい提案をしてきた会社に発注することになります。

　RFPを受け取ったら、まずはRFPの内容を確認しましょう。RFPには、提案依頼に至った背景や、提案依頼で成し遂げたいプロジェクトの目的、提案してほしい範囲や内容、それに提案書の書式要件等が含まれています。評価基準や加

図表4-1　提案依頼書(RFP)の目次例

```
1. 提案概要                    3. 提案手続きについて
   1. 背景                        1. 提案手続き・スケジュール
   2. 目的・方針                  2. 提案依頼書に対する対応窓口
   3. 解決したい課題              3. 提供資料
   4. ねらいとする効果            4. 参加資格条件
   5. 現行業務・システムとの関連
   6. 予算                     4. 選定方法について
   7. 納期・スケジュール
                              5. 契約事項
2. 提案依頼事項
   提案書記載事項              添付資料(別紙)
                                 別紙1 要求条件一覧表
                                 別紙2 現行システム概要図
```

77

点項目が明示されている場合もあります。

要件や論点をピックアップ

　顧客の要求やホットボタン（39ページ）は何なのか、RFPの中を読み解き分析していきます。

　文章の中に含まれている顧客が求める要件や重要な論点などは単語単位でも、リストをつくって列挙しておきます。時間がなければ蛍光ペンなどでハイライトをして、章立ての計画をするときにこれらの要件が提案書に確実に記載されるようにマークをしておきます。または、提案書のドラフトができあがってきたときに、これらハイライトされた要求が、目次や文章の中に書き込まれて回答が揃っているのかを確認できるようにしておきます。

選定基準や評価ポイントに注意

　RFPに書かれている要求以外でも、潜在的な要求に対して答えを求められることも多いかと思います。RFPで要求されていることに忠実にすべてを網羅して回答しても、「もっと御社ならではの付加価値提案をしてほしかった」と言われてしまうこともあります。

　顧客との過去の対話や事前の分析などから、顧客のホットボタンや隠れた要求を想定し、RFPの内容と絡めて、新たな論点を打ち立ててもよいかもしれません。

提出様式や提出期限を確認

　技術的な内容はもちろん、提出期限や提出方法、書式やファイルの種類などもすべてチェックしましょう。これに合わせてスケジュールや章立てのプランをつくっていきます。提出日時はもちろん、郵送での受け付けか持参か、持参する場合はプレゼンテーションを同日に実施するのかなども確認します。提案書や見積書の提出以外に、顧客指定フォームへの回答要求がない

かの確認も必要です。

特に確認するポイントは以下の通りです。

- 提出書式（ファイル形式、用紙サイズ、所定フォーマットか任意か）
- 加点項目、選定基準等
- 提出先の宛先と提出方法
- 提出媒体と部数
- 提出期限の日時

1.2 いきなり書き始めない！

　APMPでは顧客がRFPを準備する段階でドラフト版を入手し、この章で紹介する「提案書作成計画（プロポーザルプラン）」の準備をすることを推奨しています。しかし実際は、RFPの正式版がリリースされてその存在に気づき、受領してから提案活動をスタートさせるケースも多いでしょう。いずれの場合でも、この章で紹介することは必ず行ってください。
　たとえRFPが出たあとで案件を知ったとしても、「プロポーザルプラン」を立て、それをしっかり実行することで巻き返せる可能性が高まります。しっかり実行しましょう。

　RFPに回答する場合、1〜2週間とか長くても1ヶ月という短い期間に、「提案ソリューションの検討」「見積書作成」「提案書の執筆」「社内承認の獲得」「印刷・製本」などのたくさんのタスクをこなさなくてはなりません。あせって行動を起こすと手戻りが起こったりして、提出期限までに間に合わない可能性があります。提案書提出前は連日の徹夜が当たり前とあきらめていないでしょうか。限られた時間、限られた人材でパフォーマンスを最大にするにはどうしたらいいのでしょうか。

RFPが出てしまってから、短い時間でベストな結果を出すためには「計画」が大事です。何も計画せずにキックオフミーティングをしたり、いきなり書き始めると、後になって無駄な作業が発生したり遊びの時間ができたりします。そこで、どんなに提出までの期間が短くても全体の10〜15％は「計画」に割くことをAPMPではすすめています。提出期限まで10日間あるとすると、1日から1日半くらいを割く感覚です。

　提出期限まで余裕がないからといって、計画をつくらずに着手するのは禁物です。あと5日間しかなくても、最初の数時間は提出までの道筋を明確にするプロセスに割り当てましょう。

2 プロポーザルプランを立てる

勝つ提案書を効率よく書くための計画を立てる

「提案書作成計画（プロポーザルプラン）」は、勝つための提案書づくりを効率よく行うための計画です。提案書を書き始める前に、提案書作成の進め方や、章立て、役割分担等を計画し、ドキュメントにまとめます。提案書を作成してくれるメンバーと計画を共有することで、時間や労力のかかる提案書作成活動に次のような効果をもたらします。

- 時間内に質の高い提案書を作成できる
- 提案書を作成するための時間を削減できる
- 手戻りやコミュニケーションミスをなくしてストレスを減らせる

第3章ではオポチュニティプランを策定しました。オポチュニティプランは、顧客の組織の中で自社の存在をなくてはならないものにすることを目的としたアクションプランです。今度のプロポーザルプランは、勝つ提案書づくりに特化したアクションプランです。プロポーザルプランはオポチュニティプランを踏襲し、顧客からの評価を勝ち得る提案書を、提案チーム全体で効率よく作成するための計画書となります。

プロポーザルプランに盛り込む内容は、以下の通りです。
（1）案件概要、（2）顧客情報、（3）競合分析、（4）提案戦略、（5）役割分担、（6）提案スケジュール、（7）章立て、（8）エグゼクティブサマリ（9）執筆者向けガイドなど。

（1）～（4）は第3章で作成したオポチュニティプランの内容を引き継ぎます。（1）～（4）をプロポーザルプランに加えるのは、提案書作成段階か

図表 4-2 プロポーザルプランの全体イメージ

案件概要	顧客情報
・顧客名 ・RFP発出予定日 ・提案書提出期限	・顧客の課題 ・ホットボタン ・選定プロセス ・評価基準

ら新たに加わるメンバーと、顧客のプロフィールやこの案件の戦略について情報を共有するためです。

　プロポーザルプランは案件の規模や期間、金額、経験度合いや内容にもよりますが、基本的には、パワーポイントやワード、エクセルなどで基本フォーマットを作成して、そこに埋め込んでいく形で管理していくのがよいでしょう。

CHAPTER 4
提案依頼が来たら：提案書作成のプランをつくる

3 「プロポーザルマネジャー」と提案チームのつくり方

プロセス全体を見る「プロポーザルマネジャー」を決める

　プロポーザルプランの作成を中心になって行うのが「プロポーザルマネジャー」です。プロポーザルマネジャーは、提案書の作成に責任を持つ人です。

　プロポーザルマネジャーは、受注を勝ち取る提案書をつくるための計画を立て、提案書作成期間中の進捗管理を行います。技術者や営業は、提案内容や価格の検討に入ると、時間が過ぎるのを忘れて没頭しがちです。気づいたら提出期限直前で慌てることもしばしばかと思います。また、執筆者も自分が担当する内容に集中しがちで、全体のストーリーとの整合が大事であるとわかっていても、部分最適な形で執筆が進んでしまい、論点がずれてしまうということもあるでしょう。

　そこで、提案書作成全体に責任を持つプロポーザルマネジャーとしては、内容に専念する人たちに対して、スケジュール管理やリマインダーを出していきます。チーム全体の時間管理を行い、提出期限までにみなの力を最大に引き上げることに責任を持つのです。みなで書き上げた提案書が、顧客のホットボタンに届くものになっているのか、顧客の論点にズレた答えを返していないかなどの内容はもちろん、見た目のチェックも行います。

　プロポーザルマネジャーは提案する技術やサービスに精通している人というよりは、提案書づくりの枠組みを理解していることが優先されます。つまり、この本に書かれている提案活動のやり方を習得し、実際に動かせる人です。提案チームを動かし、ときに社内の承認者やステークホルダーたちに働きかける能力が求められます。ホットボタンや顧客が求める論点を営業から

図表 4-3　提案チームの例

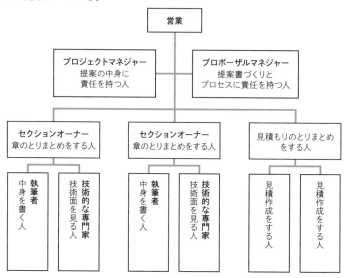

引き出し、それと提案メンバーが書き上げてきた提案書の原稿の内容が合致しているのかどうかを見る目も求められます。

　企業によっては、プロポーザルマネジメントの専門家チームを立ち上げて、複数の案件に携わる形にしているところもあります。この場合の利点としては、プロポーザルマネジャーが提案の経験をたくさん積むことができ、豊富な成功・失敗事例から学べ、その学びを部門を超えて会社全体で活かすことができる点です。

　プロポーザルマネジャーの提案チーム全体における位置づけは、図表4-3のようになります。これは一つの例ですが、提案の中身そのものに責任を持つプロジェクトマネジャーと、提案書作成に責任を持つプロポーザルマネジャーの両方を置いている点に特徴があります。場合によってはプロジェクトマネジャーがプロポーザルマネジャーを兼任することもありますが、その

場合でも、プロポーザルマネジャーとしての役割を意識して、提案書作成のプロセスをコントロールする必要があります。

　また、図表4-3のように、プロジェクトマネジャーとプロポーザルマネジャーの下には、提案書の章ごと、もしくは提出する冊子ごとのとりまとめ役（セクションオーナー）を置くとよいでしょう。セクションオーナーは執筆者から上がってきた原稿を見てアドバイスをしたり統合をしたりするまとめ役です。また、全員参加のミーティングをなるべくしないで済むように、セクション単位、または関連するセクション間で連携を取ってレビューを済ませる場合には、レビューミーティングのリーダーとしての役割も担います。

　図表4-3のように、提案メンバーの役割を定め、責任者を明確にすることは、短い期間で質の高い提案書を書くために不可欠です。

　短い期間で提案内容を決定し、完成度の高い提案書を書くためには、複数の人たちで手分けをして並行作業をしたり、チームワークを高めていくことが必要です。多くの場合、営業を筆頭に、提案する製品やサービス、ソリューションに精通した人や技術者が、提案内容決定に関わり、原稿を執筆することが多いかと思います。提案書づくりに多くの人を巻き込む場合、ほとんどのメンバーは、この提案活動以外に、他の仕事も並行して担当していたり、さまざまな部署からこの提案期間だけ協力してもらうという場合が多いのではないでしょうか。みな忙しかったり、組織が遠かったり、物理的にも座席やオフィスが離れている……そういった場合には、各人の役割を明確にしておかないと意思疎通ができず、各人がバラバラな動きをしたりして、チームワークを発揮して前に進むということができません。そこで、プロポーザルプランでは、提案チームの各メンバーの役割を定め、成果の出しやすい体制を整えます。

　作成した人員体制については、氏名、役割、連絡先電話番号、メールアド

レス、所属組織名などを添えてプロポーザルプランに盛り込みます。

4 スケジュールの考え方

4.1 提出までのステップを描く

　では具体的に提案書作成計画について説明をしていきたいと思います。
　まず、スケジュールからです。締め切り期限を守って勝てる提案書を作成するためには、どのようにスケジュールを立てればよいのでしょうか。

提出期限までの期間を到達しやすいステップに分解する

　勝てる提案書を期日までに書くという大きなゴールだけでは、何から着手したらよいかわかりません。そこで最終目的地に到着するために、達成可能なステップに分解していきます。そしてステップごとに道の途中で道しるべとなるようなチェックポイントを設定します。

　コツは、完成からさかのぼって考えることです。提案書を完成させるためには、印刷・製本を行わなければなりません、そのためには、最終レビューを行い中身を完成させなければなりません、その前に、各人からの提案書原稿を取りまとめておかなければなりません……というように、提出期限からさかのぼり、必要となるタスクやイベントを列挙していきます。これらのタスクやイベントがチェックポイントとなります。そして各チェックポイントに到達するのに要する時間を見積もり、予定日時を記します。

　実際にスケジュールに従って提案書を作成する際は、チェックポイントに到達したら、最終到達地点に正しく向かっているか、予定到達時刻と比較して遅れてしまっていないかどうか確認しながら前進していくことになります。遅れていたらどうしたら挽回できるかを考えながら、当初予定していた

図表 4-4 スケジュールは提出期限からさかのぼって考える

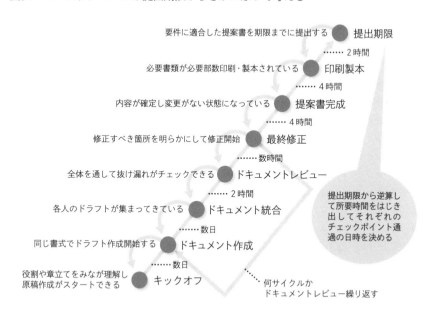

提出期限までに必要なタスクを終わらせます。

　例えば、RFPを2月1日（月）に受領して、提出期限が2月12日（金）の午後5時という案件のスケジュール策定の例を紹介しましょう（図表4-5）。

　2月12日の午後5時には、印刷物を10部、客先に届けて受理されないといけません。
　客先までの物理的な移動に1時間かかるため余裕を持って午後3時には会社を出ることとします。
　それまでに印刷物10部、それも提案書に加え、たくさんの添付資料も10部揃えるため、印刷と製本に半日はかかります。そこで印刷開始を9時と設定します。

つまり、9時までには内容が完成された提案書がすべて揃っていなくてはなりません。そのため最後の最後の誤字脱字チェックを前日のうちに終了させます。

そのためには前日の午後一番に最終レビューを開催し、その後は微調整のみで済むように、その日の朝9時までにはほぼ完成した各自作成のドラフトを共有フォルダにアップしてもらい、レビュー開始時刻までにすべてを一つのファイルに統合し、通してレビューができる状態にしておく必要があります。

中間発表的なドキュメント統合、レビューは2月9日（火）の午後にも設定します。このときに進捗管理や残りのタスク等を確認して、その結果をもとに引き続き提案書作成を進めてもらいます。

RFPを受領してからは、プロポーザルプラン（提案書作成計画）を策定するために半日をかけます。その間、提案メンバーにはRFPを熟読してもらったうえで、翌日2月2日（火）の朝一番でキックオフミーティングを実施します。

このような形で、チェックポイントの期日を所要時間から設定して、スケジュールを確定していきます。

到達したかどうか判断できる目標を定める

チームを動かすうえで欠かすことができないのが、各チェックポイントにおける到達目標を言語化しておくことです。キックオフミーティングや、ドラフトの期限、レビューミーティング等のチェックポイントにおいて、その時点で成果物がどこまでできあがっているべきなのか、参加する人がどういう状態になっていなければならないのか、などの目標設定をしておくことが大事です。

目標の表現にはコツがあります。

図表 4-5　スケジュールの例

日付	時間	タスク	ゴール	担当者名と部署
2/1(月)	9:00	RFP 受領	内容を確認して正式に提案書作成の承認をマネジメントから得る	営業○○さん
	10:00	RFP を提案メンバーに配布	事前に RFP を読んでおくことを徹底する	営業▲▲さん
	10:00-17:00	プロポーザルプランの作成	提案戦略、章立て、役割分担、スケジュール案の作成	プロポーザルマネジャー
2/2(火)	9:00-11:00	キックオフミーティング	案件内容、戦略、章立て、役割分担、スケジュールの認識を合わせる。	プロポーザルマネジャー
2/4(木)	9:00-11:00	提案内容の検討ミーティング	提案内容の確定	ソリューション担当者
2/5(金)	9:00	ドラフト #1 締め切り	原稿が共有フォルダにアップする	提案メンバー
	9:00-12:00	ドラフト #1 統合	通しで読めるように統合する	プロポーザルマネジャー
	13:00-15:00	ドラフト #1 レビュー	過不足な点やすべき行動など課題を列挙する	提案メンバー
2/8(月)	9:00	見積もり期限	各担当者から作業や製品の見積もりを収集する	営業、製品、ソリューションの見積もり担当者
	9:00-11:00	見積もりの統合	複数部署からの見積もりを統合して顧客へ提示する価格の検討開始	営業
2/9(火)	9:00	ドラフト #2 締め切り	原稿を共有フォルダにアップする	提案メンバー
	9:00-12:00	ドラフト #2 統合	通しで読めるように統合する	プロポーザルマネジャー
	12:00	第三者によるレビュー開始	並行して第三者にレビューをしてもらう	マネジャー
	13:00-15:00	ドラフト #2 レビュー	過不足な点やすべき行動など課題を列挙する	提案メンバー
2/10(水)	9:00-10:00	第三者によるレビュー結果をシェア	顧客目線で評価して改良ポイントを列挙する	提案メンバー
	11:00-12:00	最終承認	金額と内容の承認をマネジメントから得る	承認者
2/11(木)	9:00	ドラフト（最終版）締め切り	ほぼ完成した原稿を共有フォルダにアップする	提案メンバー
	9:00-12:00	ドラフト（最終版）統合	通しで読めるように統合する	プロポーザルマネジャー
	13:00-15:00	ドラフト（最終版）レビュー	ほぼ100％内容が完成している	提案メンバー
	15:00	最終調整	修正がない状態に仕上げる	プロポーザルマネジャー、営業
2/12(金)	9:00	印刷・製本	必要な提出資料を提出部数用意する	プロダクションリード
	15:00	会社出発	時間までに届ける	営業
	16:30	提出	すべて提出物が揃っていることが先方から確認される	営業

例えば原稿締め切り日のチェックポイントにおける目標を設定するとしましょう。「原稿締め切り」というスケジュールを見て、ある人は、原稿の中身がだいたいわかる程度でいいと思う場合もあれば、顧客に提出できるくらいにレイアウトや色遣い、文字の大きさ等も完成させた状態をイメージする人もいます。提案書をまとめ上げる立場の人としては、後者のレベルを期待していたにもかかわらず、いざ蓋を開けてみたら完成度がまちまち。提出まで残りわずかという時期に、これから文章を練り直さなければならなかったり、顧客の質問に対して不足している情報が見つかってこれから探さなくてはならなかったり、レイアウトも他のものと揃えなくてはならなかったりと、残された時間では到底間に合わない作業量が発覚することがあります。そんなことのないように、あらかじめ到達しておきたい目標を具体的に明記し、全員に周知して認識を合わせておくことが不可欠です。

　よくない表現としては、例えばキックオフミーティングの目標設定であれば、会議開催の目的を「役割分担について」「章立てについて」「スケジュールについて」というようにしてしまうと、役割分担について決定するのか、希望を出し合うだけでよいのか達成目標が曖昧です。会議が終わった時点で、どのようになっていたいのかがわからず、進捗度合いが測定できません。

　よい目標設定の例としては、「参加メンバー全員が役割を理解していること、スケジュールを理解していること、章立てと論点を理解していること」としたほうがよいでしょう。そのほうが、理解しているのかどうか確認ができるからです。本当に理解しているかを確かめたい場合は、会議の最後に各自に自分の理解について話をしてもらって確認するというのも一つの手です。

現実的に見積もる

　各タスクの所要時間はできるだけ現実的に見積もりましょう。組織の中でタスクの標準時間を定めておくと見積もりをするときに参考になります。例

えば、印刷や製本にかかる時間も、あらかじめある程度の標準時間を見積もっておき、ページ数や印刷部数等に応じて実際のところ今回のケースでは何時間かかるものなのかを見積もりしやすくしている組織もあります。

各タスクには担当者と期限を設ける

　担当者が複数名であったり担当組織名となっていると、責任の所在が明らかにならないため、タスクが完了しない、もしくは遅延が発生します。氏名まで指定するようにします。

主要タスクを細かく分解する

　スケジュールは、締め切り日だけでなく、細かい終了時刻まで分解して定めることができれば理想的です。また、並行して進められる作業は複数の担当者で手分けして行うようにスケジュールを定めます。

週末や祝日のスケジュールは避ける

　週末や祝日に初めから作業を入れないことも大切です。例えば２週間後に提出期限の場合、実質10日しか作業する時間はありません。最初は平日にタスクを埋め込み、休日は万が一のための時間に当てるようにしましょう。

レビュアーによるレビューの時間を確保しておく

　レビューのための予定もあらかじめ確保しておきます。レビュアーのスケジュールも押えておきます。一人のレビュアーがレビューにかけられる時間は、1日40ページ程度と言われています。ただし再利用された提案書や定型文の多い提案書の場合はそれよりも多くのページを１日のうちにレビューできます。

その他、スケジュールづくりに役立つヒントを以下に記しますので参考にしてください。

- まず、提案書作成に充てられる合計時間を考える。そのうち10％は予期せぬタスクや突発的な問題に対処するための予備時間として確保。残りの90％ですべての活動を終えられるよう計画を立てる
- スケジュールに含めるイベントのリストをつくる。重要なイベントからスケジュールに入れていき、細かい点、漏れはあとで入れていく
- 洗い出したタスクは作業の順序を考えてスケジュールに盛り込む

4.2 スケジュールに盛り込みたいタスク

スケジュールの立て方について大まかな流れをつかんだところで、執筆以外でスケジュールに組み込むべきタスクについて簡単に解説しましょう。

キックオフミーティング

キックオフミーティングは、提案書の章立てや役割分担、提出までのスケジュールなどで構成されたプロポーザルプランについて、執筆者と関係者で情報共有し、意識を統一するためのミーティングです。プロポーザルマネジャーは、キックオフミーティングまでにプロポーザルプランを立てておき、キックオフミーティングではスケジュールやプランの共有とブラッシュアップを図ります。

会議の進め方についての詳細は115ページで解説しますが、ミーティング開始前に、論点とすべきポイントとゴールを抽出して参加者に読んでおいてもらうなど準備が重要です。ミーティングの効果は準備次第といえます。

図表 4-6　提案書作成スケジュールの例

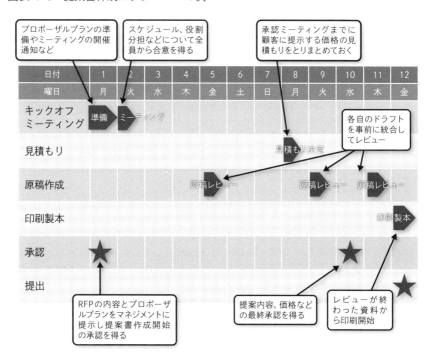

原稿のレビュー

　原稿のレビューのタイミングはあらかじめスケジュールに盛り込んでおきます。

　提案書執筆者が全員参加で行うレビューミーティングを提出までに少なくとも2回行います。すべての章を通して一貫性があるのか、抜け漏れがないか、顧客の要件に応えられているか、全員で合意した章立てやストーリーボードに従っているかをチェックします。

　また、これとは別に、提案チームに属していない第三者のレビューアーによるレビューも行います。執筆に関わっている人では気づかない、抜け漏れ、

顧客目線でのわかりやすさを評価するためです。

定例会議や朝会など軽いミーティング

　さらに、提案書作成の期間によりますが、毎週1度の定例会議を設定したり、毎日朝に軽い打ち合わせを設定することも必要に応じて行うとよいでしょう。定例会議は、進捗チェックや連絡事項等がメインになるかと思います。このような軽い打ち合わせの場合でも、集まる目的を明確にすることがメンバーの士気を高め意識を統一することにつながります。

5 章立てを決める

5.1 エグゼクティブサマリを準備する

　ここからは、プロポーザルプランの中でも、勝てる提案書づくりのための中身の計画について解説します。章立てを考えて、執筆者がスムーズに執筆ができるためのフォーマットづくりもプロポーザルマネジャーの仕事です。提案書作成メンバーを集めたキックオフミーティングまでにこれらを用意します。

　エグゼクティブサマリとは、提案の要旨を簡潔にまとめたドキュメントで最終的には提案書の一部に組み込み顧客に提出するものですが、社内を束ねる情報共有ツールとしても活用できます。これまで説明した通り、顧客からの信頼をつかむオポチュニティプランの総仕上げとして、エグゼクティブサマリのたたき台を作成しますが、これを社内の提案指針としても活用します。プロポーザルマネジャーはこのたたき台をプロポーザルプランに組み込み、キックオフミーティングにて提案メンバーに顧客ニーズや自社の差別化ポイントを周知します。提案書で述べる結論を先に固め、提案書で肉付けする形をとることで、刺さる提案を効率よく作成することを目指します。

5.2 ケース別章立てづくりの基本の考え方

　顧客から高い評価点を得られる章立てを考えるのもプロポーザルマネジャーの仕事です。望ましいのは評価する側にとって評価しやすい提案書の目次、章立てです。評価する人たちは複数の提案書を読みますが、そのときに重要なのは、小説のように最初から最後まで熟読をしてくれるような評価

者はほぼ皆無だということです。

　最初にざっと目を通し、自分が知りたかったことに対する答えを見つけ出し、そこを読む、というケースが大半です。そのため相手が欲しい答えを見つけやすくするような仕掛けが必要となります。

　章立ての考え方をいくつか紹介しましょう。

顧客指定の目次に従う場合

　RFPの中で提案書作成要件として目次を指定される場合があります（図表4-7）。その場合、当然ながら目次はRFPの指示に従います。指示された章番号、タイトル、書くべき中身にそのまま従います。たとえそれが論理的でない、または、同じような内容の記載指示が複数の章にだぶって存在していても、基本はそれに従わなければなりません。

図表 4-7　提案依頼で指定された提案書記載事項の例

```
1. 提案の骨子                          4. プロジェクト体制
2. 機能要件                               ・プロジェクト推進体制
    ・ユーザー（営業、営業事務）向け機能      ・開発管理・開発手法・開発言語
    ・営業管理職向け機能                     ・定例報告・レビュー
    ・総務・経理担当向け機能               5. 納品条件
    ・管理者向け機能                       6. 教育訓練
    ・バッチ・メンテナンス機能             7. 保守体制
3. 非機能要件
    ・ハードウェア要件
    ・ネットワーク要件
    ・アーキテクチャ要件
    ・開発管理・開発手法・開発言語
    ・定例報告・レビュー
    ・品質・性能・セキュリティ要件
    ・運用・保守要件
    ・移行要件
```

また、この場合、顧客が使っている用語や章の番号をそのまま用いることが、相手の読み取りやすさ、評価のしやすさを高めることにつながります。

RFPに指定がない場合

章立てがRFPに明示されていない場合は、RFP自体の目次を参考にします。

または、文章形式で書かれている場合は、単語やフレーズごとに分解し、それを見出しとして列挙していきます。

RFPの目次に従って構成する場合

提案書には、この提案書が顧客のRFPの目次に従って構成されていることを、目次のページで述べておきます。

また、顧客のRFPに基づいて提案書の目次を構成する場合に、提案書での回答が不要な章がRFPにあったときは、RFPと提案書の目次の対応表をつくるなどして、その章はわざと抜かしていることを最初に述べておくとよいでしょう。

顧客のナンバリングシステムに従う場合

目次の見出し番号に使われる番号の表記方法をナンバリングシステムと言います。

RFPには、おそらく1、1.1、1.1.1というように見出し番号が振られているかと思います。顧客から特に表記の指定がない場合は、顧客が用いるナンバリングシステムを踏襲します。もしくは事前に口頭で連絡があればそれに従います。RFPで明示されていない場合、またはRFPがそもそもない場合は、ナンバリングシステムの考え方を提案書の目次のページ等で書き記しておきます。

RFPを受領しない提案の場合

　RFPを受領しないで提案書を作成するときは、提案チームで目次について議論して構成を練ります。時系列順であったり、結論から述べてその根拠を分解して説明したりと、相手の理解の枠組みに合わせて構成します。

　もし、オポチュニティプランを実行し、エグゼクティブサマリのたたき台や一枚提案書を作成済で、顧客ともその内容について合意をしている場合は、その資料をベースに内容を追加したり、エグゼクティブサマリや一枚提案書の要素ごとにページを分けて詳しく説明するなどの方針で目次をつくるのも一つの手です。

5.3 章ごとに何を書くかプランを練る

ホットボタンや評価基準は何か？

　章立ての方針が決まったら、各章の論点を定めます。的を射た回答をするために、RFPや顧客との過去の対話内容から、その「的」を探し当てます。この章で押さえておきたいホットボタンや評価基準は何か、また、RFPに記載されている要件から、顧客が何を読み取りたいと思っているのかを想定していきます。

　すでにみなさんは、RFPを受領した際に、顧客の評価基準や提案要求のキーワードを蛍光ペンでハイライトもしくはチェックリストに抽出しました（78ページ）。これらのキーワードにどの章で触れるか、図表4-8のように表をつくって書き込んでいくとよいでしょう。

　さらにオポチュニティプランで分析したホットボタンも加味していきます。大規模案件では、章ごとに提案書の評価者が異なる場合があります。評価者が誰なのか、その人のホットボタンが何なのかを想定できればしておくべきでしょう。

図表4-8 各章で書くことを表にまとめ「コンテンツプラン」をつくる

章	タイトル	担当者	ホットボタン 評価基準	ねらい	盛り込む内容	想定ページ数
1	提案骨子	□□さん	・意気込みはどうか ・目的の理解 ・実績	・業務を理解していること、完遂力でやりとげることをアピール	・過去の○○案件実績 ・導入実績数 ・プロジェクトマネジメントのノウハウ	10
2	機能要件への回答	○○さん	・網羅的に回答できていること ・要件を満たしていること			
3	ハードウェア案件	△△さん	・他社との違い ・信頼性 ・運用のしやすさ			
4						
5						
6						

この表は、提案書の原稿があがってきたときに、計画通りにホットボタンや評価基準に答えているかレビューする際のチェックリストとしても活用します。

　ひと通りリストを埋めた後、すべての要求が網羅できているのかどうか確認します。

盛り込む内容を考える

　次に顧客の要件とそれに対する提案を関連づける作業を行います。章ごとに評価項目に対し何を訴求していくべきなのか、この章で何を読み取ってもらいたいのか訴求ポイントを定めます。

さらにその訴求ポイントを主張するうえで、説得材料となるものを考えます。場合によっては、提案メンバー間でブレーンストーミングを行って説得材料を集めていってもよいでしょう。

またすべての要件に対して答えが揃っていることは、最低限満たしていなければならないことです。一つの項目に対しても回答漏れがないようRFPと照合しながらチェックします。

作成効率を高めるには

章の内容を考えたら、章ごとに執筆担当者を決めます。表には、執筆を担当する組織名だけでなく、具体的な担当者名を記載し、責任の所在をはっきりさせておきます。そうすれば、その後の進捗チェックがやりやすくなり、問い合わせ先が明確になります。

ここまで紹介した、章単位での訴求ポイントをまとめた計画書を「コンテンツプラン」と呼びます。提案書を書き始める前にコンテンツプランを作成し、提案メンバーに周知すると、提案書作成効率が高まります。複数の人で作成した原稿でもあたかも一人の人が書いたような一貫性ある提案書をより短時間で作成できる効果があります。スケジュールやメンバーリストなどとともに、プロポーザルプランの一部として管理します。

見せ方・ビジュアル面を考える

6.1 顧客の書式要件に従うのが基本

　ここからは、見せ方・ビジュアル面の計画の仕方について解説します。

　もし、顧客がRFPにて要求している書式があればそれに従うのが大前提です。指定がある場合は、パワーポイントかワード、PDFなど利用するアプリケーションやそのバージョン、用紙のサイズや向き、見出し番号の振り方、ページ番号の振り方などについて記載があります。指定された条件を満たす形でページレイアウトやスタイルを定めます。

　場合によっては回答用フォーマットそのものが配布される場合があります。その場合はその回答フォームをキックオフミーティングのときに執筆者に配布して、そのフォームに記入するような形で執筆を進めていきます。指定されたフォーマットには顧客の許可なく変更を加えないことが大事です。

ファイル形式の指定がない場合

　顧客から特に指定がない場合は、日本ではワード、パワーポイント等で作成するのが一般的かと思います。欧米では提案書をパワーポイントで作成する習慣はないようです。APMPでもワードの利用が前提となったノウハウが共有されています。

　私が過去に勤務した外資系企業では、全世界で共通化された提案書のテンプレートや、再利用可能な提案素材はワードで作成されていました。RFPでの質問項目の一つひとつを引用し、ワード上にコピーして、その下の行に回答を書いていくというような方法で提案書の本体がつくられていました。文

図表 4-9　ワードかパワーポイントか？

	メリット	デメリット
ワード	・長文でも見やすくするスタイル設定ができる ・書式の統一が自動でできる ・目次や索引、図表番号の挿入等が自動でできる ・セクションごとに異なるヘッダーやフッターを配置することができる	・操作方法に不慣れな場合にレイアウトが崩れてしまうことがある ・文章をたくさん書かないといけないというプレッシャーがかかる ・操作方法を短時間で習得できないイメージがあるので苦手意識を持つ人が多い ・提案書とは別にパワーポイントなどで図をつくらなければならない ・提案書とは別にプレゼンテーション用のスライドを作成しなければならない
パワーポイント	・絵やテキストを自由な位置に配置できる	・配置のルールを決めないと、規則性がなく読みにくい資料になってしまう

章が大半で、重要なポイントのみに、図が挿入されます。図は別途、パワーポイントでつくっておき、スライドを図形式で貼り付けます。

　日本においては、官公庁や入札形式をとる企業においてはワードでの指定がありますが、特に指定がない場合は、パワーポイントが使われるケースが大半のようです。
　そこで本書では、多数の人が使うパワーポイントにフォーカスして説明をしていきたいと思います。

6.2 「ストーリーボーディング」を行う

　それではパワーポイントを想定して、ビジュアル面のプランを立ててみましょう。
　ページ構成案を絵コンテや表形式などに書き出して、ストーリーの流れや

テキスト、図表の配置などを計画することを「ストーリーボーディング」と言います。目で見たときのイメージや内容物をあらかじめ描いたものが「ストーリーボード」、ストーリーボードを利用して計画することが「ストーリーボーディング」です。

　複数の人が手分けをして提案書の原稿を執筆し、それらをまとめて1冊に仕上げる場合、個々人が各々異なるページレイアウトを施したり、各々異なる書式を設定したりすると、後になって統合してみたときにまったく一貫性のない、読み手にとって読み取りにくい資料になってしまいます。色遣いも人によっては蛍光色、ある人はパステルカラー、またある人は白と黒のみ……。これらを統合してみると、明らかにコピペしただけの資料です。

　読み取りにくい資料では、顧客にメッセージは届きません。顧客のホットボタンを押して購買意欲を引き出すこともできません。また、一貫性のない資料の体裁や表現をあとから統一しようとしても、時間が足りなくなってしまい徹夜しても修正が間に合わないという事態も起こりえます。いくら提案内容が素晴らしくても、これでは顧客に選ばれません。そこで、ストーリーボードを使って、見た目の統一も計画的に進めるのです。

ビジュアル面の考え方

　ストーリーボーディングではページ単位でのレイアウトや配色なども考えます。ねらいは、「顧客からの評価において高得点を得やすいようにビジュアル面を強化して整える」「執筆速度を加速させる」の2点です。顧客は通常、複数の会社が提出した提案書を次々と読んで評価します。このとき、一字一句丁寧に読み解くというよりは、目に飛び込んでくる箇所をジャンプして読み進めていくはずです。そこで、文字やテキストの配置に規則性を持たせると同時に、「特に読んでもらいたい箇所を前に持ってくる」「アピールしたい箇所を大胆に強調する」など、読ませる工夫を施します。どんな配置や色、大きさでつくっていくのかを決め、スタイルのルールを徹底させます。

CHAPTER 4
提案依頼が来たら：提案書作成のプランをつくる

図表 4-10　ストーリーボーディングの例

各ページに何を書くかを決めていく

番号	タイトル	ねらい	内容	図表	枚数	担当者
0	表紙	タイトルでこれから述べるテーマを理解させる	宛先 タイトル 日付／自社名	イメージ 写真 ロゴ	1	
0	目次	全体の流れを見せ集中させる	目次	なし	1	
1	提案骨子	ターゲット顧客のホットボタン、ビジョンを捉え我々の解決策が整合していることを認識させる	ABCDE(Eは取り除く)		1	
2	取り巻く環境	骨子で述べた結論を受けこの提案が必要となった背景や目的を述べる	共稼ぎの家族が抱えがちな問題		2	
3	提供価値	問題解決策がもたらす提供価値	バリュープロポジション		1	
4	実績	この提供価値が他の顧客からも支持を受けていることを証明する	導入されている実績	グラフ	1	
5	提案内容詳細	提供サービスの詳細を述べる	サービス内容詳細 開催スケジュール	表	5	

↓

この表をもとに
画用紙やホワイトボードに
プランを立てる

| 表紙 | 目次 ———
———
——— | | グラフ |

そうした点を念頭に置いて、ホワイトボードや画用紙などにページのイメージを描きましょう。すでに作成した章立て（図表4-8）に従い、まずは大雑把にホワイトボードや画用紙などにページ割りを書き出して、さらに、各章や節、ページごとに何を書こうとしているのかをメモで書き出してみます。どんなイメージの図を何ページくらいで描こうとしているのかが明らかになってきます。

作成したストーリーボードはプロポーザルプランの一部として、この後で行うキックオフミーティングで参加者に配ります。

執筆に煮詰まったときや全体像が見えなくなったときは、このストーリーボードを確認することにより、頭が整理できて執筆スピードが加速する効果が得られます。

このようにしてストーリーボードを考えたら、全体として抜け漏れがないか、整合性や流れなどを再チェックします。顧客の最も重要な関心事に全体として応えられているのかどうかを必ず確認しましょう。

ここでつくったストーリーボードは、進捗確認や最終レビューの際など、計画通りにすべての内容が盛り込まれているかを確認するのにも使います。このため、プロポーザルマネジャーや執筆担当者がいつでも最新バージョンを参照できるように、ファイルサーバなどで共有するとよいでしょう。

6.3 テンプレートと「執筆者向けガイド」をつくる

ホワイトボードや画用紙などで作成したストーリーボードは、実際に使えるようにパワーポイントにしてキックオフミーティングで配布します。ある人はワード、ある人はパワーポイント、また別の人はエクセルなど人によって別々のソフトを使って提案書を書き始めてしまうと、最後に統合するのが

大変です。そこで共通のテンプレートをつくり中身を埋めてもらうことで統一を図ります。

パワーポイントでのテンプレ作成のコツ

図表4-11はテンプレートの例です。

このように、ストーリーボードに従ってスライドの見出しなどを打ち込んだ状態のパワーポイントを用意します。執筆者が指定された通りに内容を埋めていけば原稿が完成するようにつくっておきます。

パワーポイントはワードと異なり、自由なところにテキストや図が貼り付けられるため、ルールをある程度設けないとページごとにまちまちな印象となってしまいます。そのためある程度表記のルールを決めておき、執筆者向けガイドとして執筆者に配布します。

図表 4-11 ストーリーボードをもとにテンプレートをつくる

執筆者向けガイドのヒント

●「スタイルシート」を利用する

「スタイルシート」はページレイアウト、フォント、文字のサイズ、本文の行間やグラフィクス、テキストの色について定めたものです。複数の人で分担して書いていても一貫した見た目を維持し、読み手の読みやすさを高める効果を発揮します。

　スタイルシートは、執筆者の準備時間を削減します。いくつかのレイアウトのパターンごとにシートを用意しておき、執筆者に目的に応じて選んでもらうといいでしょう。

●ナンバリングシステム

　見出し番号や、箇条書き番号の振り方についてもあらかじめ決めておきます。RFPで細かく指定されることがありますので、その場合は必ず指定に従うよう注意してください。

●箇条書き行頭文字

　箇条書き行頭文字も決めておくといいでしょう。後で直すのは本当に大変です。行頭文字や箇条書きレベルに応じたインデントの位置も固定しておきます。

●フォント

　英文フォントは何を使うか、日本語フォントはどうするか決めておきます。

●文字サイズ

　タイトル部分の文字サイズと本文の文字サイズを決めておきます。

●色の指定

　タイトルや、本文文字に使用する色も決めておきます。強調する部分の色

や、図で使用できる基本カラーも決めておきましょう。

● **ヘッダとフッタ**

　ページ番号は必ず挿入します。また、フッタ部分などにはコピーライト（ⓒ）表記などを配置するのが一般的です。

　ヘッダ部分には、現在の章のタイトルなどを挿入します。これにより読み手が今読んでいる位置を理解しやすくなります。

● **グラフや表**

　グラフで使う色も定めます。グラフは立体的に見える3D形式のものもあるかと思いますが、読みやすさの点から平面（2D）のものをおすすめします。

● **図について**

　パワーポイントの図形の形式についても統一しておきます。3Dにするかしないか、影つきにするかしないか、枠の線、矢印等についても統一しておくとよいでしょう。色はグラデーションをつけるようにするのか、単色にするのか等も決めます。そうすることにより全体の統一感を効率よく図ることができます。

● **アニメーションについて**

　パワーポイントはプレゼン資料作成を主目的にしたアプリケーションであるため、聞き手を惹きつけるためにアニメーションの機能があるのが特徴ですが、提案書は多くの場合は印刷物として配布されるため、アニメーションは不要です。ただ、提案書提出後のプレゼンテーション資料も兼ねて資料を作成する場合、もしくは買い手がPC上で再生することを前提とした場合には、アニメーションを施したくなると思います。その際は、アニメーションの種類も決めておくとよいでしょう。ただし、派手な演出は評価者の集中力を奪い、イメージを損ねることもありますので慎重に検討したいところです。

● 写真

　写真の使用については、会社で使用が許された画像に限定しておくとよいでしょう。インターネットから無断で画像をダウンロードして使用すると、著作権違反などのトラブルに発展する場合があります。私の以前所属した企業では、会社で使用を許可した写真画像がライブラリにまとめられていて、そこからダウンロードして使用するルールが課せられていました。画像は企業イメージを表すと考えられていたため、使える画像は限定されていました。

● ロゴの配置

　自社ロゴをテンプレートに貼り付けるときに注意すべきなのが、縦横比率の維持です。会社のロゴにはさまざまな意味が込められてデザインされています。JPEG形式で社内で共有されているかと思いますが、パワーポイントにこれらの画像ファイルを貼り付けると、サイズを自由に変更できてしまいます。その際には所定の縦横比率で貼り付けることに注意しましょう。

● 用語の統一

　文章中で混在しそうな用語は統一しておきます。よくありがちな例として、顧客や自社の社名の記載がバラバラというのがあります。人によっては略称で書いたり、またある人は正式名称で書いたりとばらつきの頻出単語といえます。

　また、「御社」「貴社」については、書き言葉は「貴社」として統一するのが一般的です。そのほかの迷いそうな用語も集めて用語の正誤表をつくるとよいでしょう。

● 語尾の統一

「である」調よりも、「ですます」調で統一するのが一般的かと思います。箇条書きのときは、体現止め、である調なども認める等がよいでしょう。

ルールは会社全体で統一する

このような資料作成のルールをまとめて執筆者向けガイドとして配るわけですが、こうしたルールは、会社全体で統一することにより、会社から出ていく資料を一貫したイメージで揃えることができます。毎回、同じ体裁で揃った資料をやりとりしていくことにより、自社のブランドイメージを定着させる効果が期待できます。会社としてどうありたいのか、どう見てほしいのか、コンセプトを表す、色・画像・ロゴなどをプロに依頼をして定めておくとよいでしょう。

6.4 再利用可能な資料として貯めておく

過去に作成した類似の提案書や、繰り返し使える製品紹介、事例などの資料があればライブラリに貯めておき、再利用するようにします。これにより執筆に要する時間を節約できます。

ただし保存期間や保存方法にルールを設けないと、ただのゴミ箱になってしまいます。プロポーザルマネジャーなどコンテンツの管理者を決めて鮮度の管理をするとよいでしょう。定期的に見直す習慣ができれば理想的です。

第4章では、提案書を書く前段階の準備（プロポーザルプラン）について紹介してきました。

ここまでの準備を整えるのには、かなりの時間と手間がかかると思った方も多いかと思います。しかし、書き始める前に準備を十分にすることで、この後のチームのパフォーマンスが格段に高まりますし、それが質の高い提案書につながります。

図表 4-13 執筆者向けガイドのイメージ

```
ナンバリング
1. レベル1
1.1 レベル2
1.1.1　レベル3
```

```
箇条書き行頭文字
• 顧客の課題
• ホットボタン
• 選定プロセス
• 評価基準
```

```
フォント・文字サイズ
英文フォント　Arial
日本語フォント　メイリオ
本文　12point
強調するときは**太字**で
```

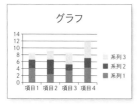

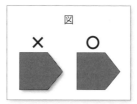

```
語尾
です。ます。
```

CHAPTER 4
提案依頼が来たら：提案書作成のプランをつくる

【パワーポイントのフォーマットの例①】

スライドごとにどこに何を入れるかを指定する

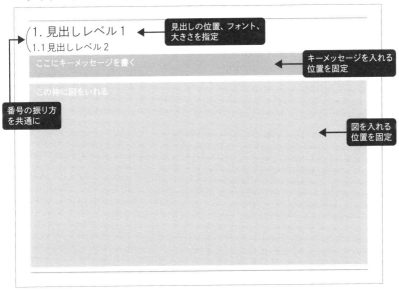

RFPの要件を引用して回答を書く場合のレイアウトの例

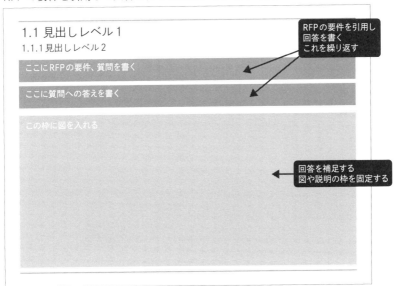

【パワーポイントのフォーマットの例②】

インデント位置もサンプルをつくっておく

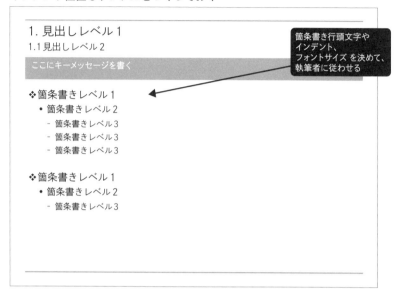

色の付け方も決めておく

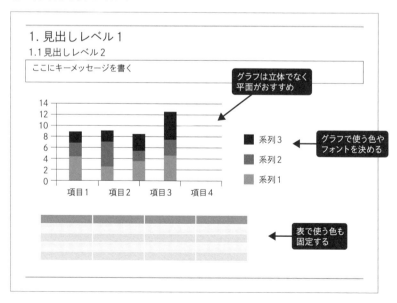

コラム
2

コミュニケーションルールを決めよう

チーム内の情報共有ルールで手戻りを防ぐ

　プロポーザルプランを立てたら、それをキックオフミーティングで提案チームと共有します。チームで行う提案活動の場合、情報共有は効率的に行うことが大切です。そのため、リーダーであるプロポーザルマネジャーは、コミュニケーションや情報共有を円滑に行うためのインフラを用意します。こうしたことをしっかりやるのとやらないのでは、提案書の正確性や作成スピードに大きな差が出ます。

ファイルを共有する

　提案メンバーだけがアクセスできるファイルサーバやグループウェアを用意します。ファイル共有のための保存ルールを定めて、キックオフミーティングで周知し、効率よい情報共有を図ります。

　メールでやりとりする場合、ファイル容量が大きいと送受信できないことがあります。またバージョン管理がしにくくなることもあります。そのため共有サイトにファイルを集め、フォルダやファイルの命名ルールを決めて、ファイル名を見ればどれが最新であるのかわかるようにします。

　また共有ファイル上には、顧客から受領したRFPや、キックオフミーティングで共有されるプロポーザルプラン、第3章のプロセスで作成されたオポチュニティプランもその他の資料とともに参照できるように保存をしておきます。

ルールづくりの例

フォルダ名	用途	ファイル名ルール
Plan	オポチュニティプランの共有	
Kickoff	提案書作成計画の共有	提案書作成計画.xls 等決まった名前を付ける
RFP	顧客から受領した提案依頼の共有	顧客からのファイル名そのまま
Review	原稿の共有。レビューまでに必ずアップする。この下に章ごとのサブフォルダを設けておくと進捗管理をしやすくなる	章番号_タイトル_作成者_日付_バージョン
Boilerplate	再利用可能な資料	
Template	テンプレートやスタイルシートの共有	製品名やサービス名など
Work	作業中のファイル	個人名のフォルダを設けてその下は自分で自由なファイル名をつけてよしとする
Submit	顧客に提出したファイル	提案書タイトル.拡張子

メーリングリストや宛先リストを作成

　また、メーリングリストがつくれる環境であれば、提案メンバーに一斉送付ができるようにメーリングリストを作成します。過去のメールが共有サイト上で検索や参照できれば理想的です。特にそうした仕組みのない場合は、メールの件名を統一するように決まりをつくって周知できればよいでしょう。プロジェクト名やRFPの一部を件名の頭につけるというような決めごとをつくって繰り返すだけでも、メールを探し出しやすくできます。

　またファイル共有はメール添付ではなくて、基本はファイルサーバ上を参照させるなどというルールをつくってもよいかもしれません。

提案書作成開始の最終判断（承認ゲート④）

　APMPでは正式なRFPを受領した直後に「ビッドバリデーション（ビッド最終決定）」という承認ゲートを設けて、提案書作成開始の最終判断をすることを推奨しています。

「RFPに他社の影響を受けたような、自社にとって不利な要件が追加されていないか？」「提案書をつくるために十分な日数が確保できるか？」「提案書をつくるために人を任命できるかどうか？」などの最終確認をしてから、正式に提案書づくりを進めます。もし、自社に不利な条件が多い場合は、この案件を追うことをやめて別案件の開拓等に時間を割くようにします。

承認ゲート④：提案書作成開始の最終判断

実施時期	RFP受領直後
目的	RFPの詳細を熟読してもなお、やはり提案書作成を進める価値があるかどうかを判断する 提案書作成のステップに進んでよいかどうかを判断する
会議の主催者	提案をリードする人。営業
会議での意思決定者	金額や案件の複雑さ、リスクに応じて規定された意思決定者 提案内容や金額に責任を負う部署の責任者 提案ソリューションにリソースを提供する部署の責任者
会議の参加者	営業、提案のコアメンバー
必要な資料・情報 （インプット）	RFP オポチュニティプランでつくった資料
この会議の成果 （アウトプット）	提案書執筆に進むかどうかの判断 提案書作成チームの任命

CHAPTER 5

キックオフから提出まで：
提案書づくりの流れを知る

この章のポイント

ねらい	• 提案書執筆開始から提出までの流れを押さえる
時期	• RFP受領から提案書提出までの期間
登場人物	• 案件全体を担当するプロジェクトマネジャー • 提案書作成期間をリードするプロポーザルマネジャー • 提案書を執筆するメンバー

プロポーザルマネジメントのプロセス

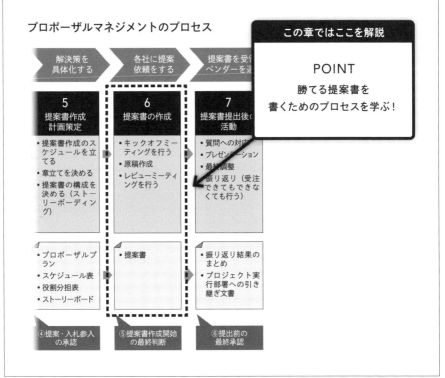

この章ではここを解説

POINT
勝てる提案書を
書くためのプロセスを学ぶ！

CHAPTER 5
キックオフから提出まで：提案書づくりの流れを知る

1 キックオフミーティングを開こう

1.1 ミーティングを成功させるには

　ここからは、いよいよ第4章で作成した提案書作成計画（プロポーザルプラン）を実行に移す段階に入ります。提出期限までの短期間で効率よく提案書を作成するための進め方を紹介しましょう。

　プロポーザルプランを作成したらキックオフミーティングを開きます。キックオフミーティングは、これから提案書の原稿を書き始めるときに、提案書作成に関わる人たちを集めて、提出までの計画や提案の方針について情報共有を行う会議です。出席者は、提案書作成に関わる人全員です。提案書執筆や見積書作成に関わる人はもちろん、ソリューションや製品担当者・開発者、プロポーザルマネジャー、印刷や製本を行う人、また後にレビューを行ってもらう人などにも参加してもらいます。案件規模によりますが、人数は数名から30人程度でしょう。会議は準備を念入りにし、長くても2〜3時間程度に収めるようにします。

ミーティングを設計する

　多くの人を巻き込んで協力を引き出すには、限られた時間を最大限に生かして参加者の心を一つにまとめなければなりません。そのためには、第4章で解説したようにプロポーザルプランを準備しておくことに加え、「ミーティング設計」をしっかりと行っておくことが必要です。
　キックオフミーティングでは、ミーティングが終了した時点で参加した人がすぐに提案書を作成し始められるよう必要な情報をしっかり理解していること、そして、動機づけされた状態になっていることを目指して開催しま

す。2時間ないし3時間後には全員をこの着地点に引き上げるために、ミーティングで取り上げる内容と時間配分に関して事前に定めておくようにしましょう。

会議の時間内でゴールに到達できそうにない場合は、参加前に宿題として事前に準備をしてから参加してもらうようにするとよいでしょう。

例えば「ミーティング参加の前に提案依頼書（RFP）を読んでおくこと」を事前準備として課すというようなことです。みんなが集まったところで初めてRFPを読んでいるようでは読み終わるだけで時間が過ぎてしまいます。個人でできることは事前に準備してから参加してもらうようにします。

キックオフミーティングは「アイデア」を参加者が出し合うブレーンストーミング形式の会議ではなく、「情報共有のためのミーティング」です。提案内容の詳細検討や問題解決、ブレーンストーミングの会議とは分けるようにします。時間を無駄にせず、参加者に「自分に関係ない話ばかりしている」と思わせない気配りが大切です。

アジェンダを用意し事前に通知をしておく

キックオフミーティングの開催通知を送付する際には、会議のゴールやア

図表 5-1 キックオフミーティングの前に参加者に周知しておきたいこと

ミーティングのゴール	スケジュール、章立て、役割分担について理解する
主な議題	オープニング／自己紹介（10分） 提案戦略についての情報共有（20分） 章立てと役割分担（30分） スケジュールの決定（20分） ストーリーボードの共有（20分） 執筆者向けガイド（10分） 質疑応答（10分）
所要時間	2時間
事前準備	RFPを事前に読んでおくこと

ジェンダ（議題一覧）、会議前に各自がしておくべきことなどを明記して、参加メンバーに周知しておきます。

ミーティングの進行方法

　図表5-1は、キックオフミーティングの参加者に提示する議題一覧のサンプルです。当日の進行でまず大事なことは、冒頭でミーティングのゴール及び議題についてしっかりと説明し、参加者に「今日は何を決めるか」や「どのくらい時間をかけるか」を頭に入れてもらうことです。これはキックオフミーティングに限った話ではなくて、ミーティング開催時に共通して大事なポイントです。そのことにより参加者の意識を中身に集中させることができます。また、万が一、声が大きな人の発言が長引いたり、脱線したりした場合に、そもそもの目的に立ち返るように、軌道修正をしやすくなります。「今日の目的は提案原稿作成に関する情報共有なので、技術的な内容については別の会議を開催します」というような形で進行役が修正をしていくとよいでしょう。

　そして予定時間内で収まるように「タイムマネジメント」を行うこともお忘れなく。いくら議論が盛り上がっても、一つの議題に長い時間を割いてしまうと、すべての議題を消化し切れず時間切れになってしまいます。自分が進行役の場合で時間配分まで自分で管理できない場合は、冒頭に誰かをタイムキーパーに任命し、残り時間をみなさんに通知してもらえるようにお願いするとよいでしょう。

ホットボタンを理解してもらう

　参加者にRFPを事前に読んできてもらったとしても、案件や顧客に対する理解度は参加者それぞれで大きく異なります。RFPを読んだだけでは顧客の真のホットボタンはわかりません。事前に用意したプロポーザルプランやエグゼクティブサマリのドラフトを活用し、キックオフミーティングの場

で参加者全員に顧客のホットボタンなどをしっかりと理解してもらいましょう。

章立てと役割分担を説明する

　ミーティングでは、あらかじめ準備した提案書の章立てを説明し、執筆担当者を任命しますが、このとき、単に「1章部分の担当は○○さん、2章部分は××さん」などと大雑把に任命するだけでは不十分です。後になって論点がずれたり、あまり重要でないことに多くのページ数が割かれたりしてしまいがちです。

　執筆者にはその章で応答すべき顧客のホットボタンや要望、選定基準を伝え、必ず正対した回答を盛り込むべきことを伝えます。エグゼクティブサマリで訴求するメッセージを、提案書の本編の中で具体的に肉づけして補強することも意識づけしておくとよいでしょう。

　また、コンテンツプランやストーリーボードを使い、各章のページ構成や挿入する図解のイメージについても、可能な限り意識合わせをしておきます。

スケジュールを共有する

　プロポーザルプランではスケジュールのたたき台も用意しましたが、全員参加が必要なレビューミーティングなどは、全員が参加できる日程をこの場で調整して決定し、各人のスケジュールをブロックしてもらうようにしましょう。そして提出までの主要なステップにおける着地点を共有し、この進め方で合意を獲得しておきます。

書式のルールについて徹底する

　手分けをして原稿を作成すると、資料の配色や文字サイズ、レイアウトが

バラバラになります。できれば全員が参加しているこの場で、実際にフォーマットを見せながら、書式の統一イメージを伝えます。特に、RFPで提案書式が指示されている場合は、留意点について説明しておきます。

コミュニケーションルールを伝える

　全員が参加する「レビューミーティング」の日程や、「メールの件名の付け方」「ファイル共有の仕方」など、情報共有やコミュニケーションのルールを決めておくことも、生産性を高めるうえで効果的です。メールの件名なら頭に案件名を入れる、ファイル共有についてはメールの添付ではなくファイルサーバ経由で実施する、フォルダ名やファイル名の命名ルールも統一するという具合です。

　また、キックオフミーティング終了後に配布するプロポーザルプランのファイルや章立てリストなどは、ファイルサーバなどに置いて常にアップデートされた状態で共有するとよいでしょう。

次のチェックポイントの予告を忘れずに

　次の原稿の締め切り日時や、原稿保管場所やそのルール、その時点での期待される完成度について、告知して解散します。

図表 5-2　リマインドメールに盛り込むこと

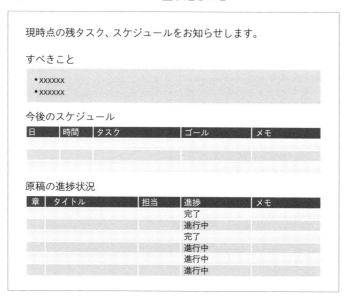

1.2 進捗管理やリマインダーのコツ

　キックオフミーティングで合意した計画がスケジュール通りに進むように、今後、提出までの期間、毎日もしくは主要なチェックポイントの前にリマインドメールを送るようにします。

CHAPTER 5
キックオフから提出まで：提案書づくりの流れを知る

RFPに関する質問の管理

　RFPへの回答を書いていく際は、RFPに記載されている事項を正しく理解して、網羅的に、100％要件に適合した回答を提出することが要求されます。しかし、RFPに記載されている内容に不確かな部分があったり、解釈の仕方がわからない表現に直面することもあるかと思います。もし解釈を間違えて回答してしまった場合、評価を落としてしまうかもしれません。そこで、多くのRFPでは、記載内容についての質問受付期間を設けています。RFPにその期限や質問方法（メール等）や場合によっては質問表など決められたフォーマットが提示されていると思います。この質問の機会を効果的に活用して、提案依頼の内容の理解を深めていきましょう。

キックオフミーティングにて質問方法を周知しておく

　まずは質問のとりまとめ者を決定します。とりまとめ者は、提案メンバーからのRFPに関する質問をとりまとめて顧客側に送ったり、顧客からの回答を受領して提案メンバーに共有します。

　質問方法については、顧客指定の質問フォームがあればそれを使うように徹底します。特になければ以下のような質問管理表を用意し、RFPを読む提案メンバーが随時質問を書き込めるよう共有フォルダ上で共有するなどし

図表 5-3 顧客にする質問管理表

RFP ページ	見出し	質問内容	質問日	回答内容	回答日	社内用	
						質問者	アクション

て、質問をとりまとめます。そして顧客に送付し、回答を埋めてもらう、またはメールで返ってきた回答をこのフォームに転記します。このようにして一元管理をするとよいでしょう。

質問は社内の各専門家からも募る

　RFPの内容は、技術的な要件の他、契約や知的財産権、支払条件等の要件も含まれる場合があります。社内の法務、契約、ファイナンス等の専門家にもRFPを熟読してもらい、質問があれば合わせてまとめておくようにしましょう。

質問は他社にも公表されることを想定すること

　質問や回答は他のベンダーにも公開される場合が多いようです。その旨、RFPに記載がない場合は確認をした後、競合に見られてもよい内容であるか、競合に見られても質問するべきか否かを注意深く検討してから質問するほうが無難です。例えば質問内容から、自社の提案ソリューションが競合に予測されてしまうような内容の質問は避けるべきかもしれません。

質問内容も評価される

　質問の内容や質問のやり方で、どれだけ深くRFPの内容を理解しようとしているのかが顧客に伝わり、評価されることも考えられます。評価される可能性も考えて質問するようにします。

提案書の執筆を進める

　顧客の心をつかむ、相手にとって理解しやすいものとなることを目指して原稿作成を進めていきます。基本は、キックオフミーティングで共有された章立てやストーリーボードに基づき作成していきます。執筆担当者は、必ずRFPでの顧客の要求と照合しながら、的を射た回答を書いていくようにします。

　的を射ていない例としてよくありがちなのが、顧客の質問に対する答えが文章としてどこにも書いておらず、図の中になんとなくそれらしき単語が書かれているというものです。これでは問いかけに答えているのかどうか、顧客の目からはわかりにくくなります。また、顧客の問いに対して論点がずれた回答というのも悪い例です。

　執筆について詳しくは第6章で解説しています。

4 提案書のレビュー

4.1 提案メンバーによるドラフトレビュー

レビューの準備

　提案書のレビューのための原稿締め切り日が近づいたら、メンバーにリマインドのメールを出します。原稿締め切り日に執筆者が資料を完成できるように、レビューの時期が迫ってきたら前日までには流すようにしましょう。

　そこに書くべきポイントは以下の通りです。

- 原稿の締め切り日時
- ファイルの保管場所
- ファイル名のルール
- レビューミーティングの日時の確認とゴール
- 今後のスケジュール

　これらの情報はキックオフミーティングにて周知されている情報ではありますが、他の業務でも忙しくしているメンバーのためにリマインドしてもらったほうが手戻りを防ぐことができ、チーム全体の効率を高めます。

　提案書のレビューを進めるときは、レビューミーティングをする前に各自が書いたドラフトを回収しておきます。
　事前にプロポーザルマネジャーは原稿を統合し、共有フォルダ上で共有。可能であればレビューミーティングの前に各自でレビューを行い、見直すべきポイントをあらかじめ抽出してもらいます。

これらを可能にするためには、執筆者のドラフト提出期限を、ドラフトの量や内容の複雑さにもよりますがミーティング開始の2〜4時間前に設定することです。各人のドラフトファイルを統合する時間が1〜3時間として、残った時間を各人による事前レビューの時間に当てるとよいでしょう。キックオフミーティングのときに、第4章でつくった提案書のテンプレートを配布してあれば、ファイル統合にかかる時間が短くて済むはずです。

実施時期と回数

RFP受領から提案書提出までの期間が2週間の案件の場合、最低でも2回はドラフトレビューが必要です。執筆者が全員集まってレビューをします。

所要時間

所要時間はレビューをする文書の種類の多さにもよります。
提案書以外に、要求条件適合一覧表（152ページ）や、提出が必須の指定されているものがある場合は、それらの分のレビュー時間の確保も必要です。

レビューミーティングの進め方

章立てプランやストーリーボード、RFPと照合しながら、顧客の要求している論点に答えられているかどうか、抜け漏れなく網羅できているかを確認します。
ドラフト原稿を一部印刷しておき、書記を任命してレビューで指摘があった箇所に赤ペンで書き込んでおくとよいでしょう。電子ファイルに修正を加えた後で修正漏れがないかどうか、これがチェックリストの役割を果たします。

図表 5-4　レビューで見るポイント

エグゼクティブサマリ	・顧客のビジョンと提案ソリューションを関連づけているか？ ・顧客のニーズと提案ソリューションとを関連づけているか？ ・反対意見に対応できるか？ ・顧客のことを自分たちのことよりも多く述べているか？
内容	・我々の提案を効果的に表現しているか？　説得力があるか？ ・「テーマステートメント（157ページ）」を含めているか？ ・ベネフィットと特徴を関連づけて説明しているか（148ページ）？ ・定量化されているか？ ・よりカスタマイズされた内容になっているか？ ・「だから何？」という問いに答えられているか？ ・我々の強みを強調し、弱みを目立たなくしているか？
全体の構成	・顧客のニーズと提案ソリューションを関連づけたサマリを設けているか？ ・すべての章やページで、見出しを効果的に使っているか？ ・最も重要な考えを章、節、ページの冒頭に述べているか？ ・詳細説明、データ、証明できる実績等を章や節や段落の中段以降で述べているかどうか？
ビジュアル	・図表や画像で説明内容を補っているか？ ・ビジュアルは戦略や内容と関連性のあるものか？ ・そのビジュアルはメッセージをシンプルに伝えられるものか？ ・写真やイラスト画像は利用が許可されたものであるか？
体裁	・プロフェッショナルな仕上がりになっているか？ ・ページ番号やフッタやヘッタに適した内容が表示されているか？ ・自社のブランドイメージを反映したものになっているか？ ・複数の人たちで手分けをした場合でも、一貫した内容、見た目に統一されているか？
内容の正確性	・内容は正確か？ ・主張を補っているか？ ・技術的に実現できるものか？　それを立証できるか？
価格	・提供価値を反映した価格になっているか？

4.2 第三者レビューアーによるレビュー

提案を評価する顧客になりきった第三者からダメ出ししてもらう

　提案メンバーとは別に、第三者によるレビューも行うことをおすすめします。レビューを頼むのは、顧客をよく知る人や業界知識が豊富な人で、執筆に関わっていないマネジメントクラスの人がよいでしょう。客観的に見てもらえる人に依頼するようにします。とはいえ、案件をまったく知らない人に突然依頼しても依頼されたほうは困ります。突然、提案書のドラフトを渡されても、案件の背景や目的、提案内容が理解できていないと、文章を読み解くまでに時間がかかってしまいますし、善し悪しが判断できません。

　そこで、レビューアーには事前にRFPを配布して熟読しておいてもらいます。キックオフミーティングに参加してもらうか、オポチュニティプランやプロポーザルプラン、コンテンツプランを渡しておきましょう。そして、事前に顧客の評価ポイント、ホットボタンについても情報を渡しておくとよいでしょう。コンテンツプランの時点でアドバイスをもらっておいてもよいと思います。

　第三者レビューでは、提案書のドラフトがRFPと照合して要件に対して抜け漏れなく、顧客が要求する論点に対する回答ができているかを顧客目線に立って評価してもらいます。顧客側組織の評価者になったつもりでお願いします。

　第三者レビューは提案書完成の遅くても3日前くらいに、提案書のドラフトができあがったタイミングで実施します。RFPの評価基準や採点方法が提示されている場合は、それらを用いてレビューを実施してもらいます。

主なチェック項目
- 顧客にフォーカスした内容になっているか？
- 抜け漏れがないか？
- 提案ソリューションや強みが明確か？

4.3 内容とリスクのレビュー（承認ゲート⑤）

最終的なマネジメントによるレビュー

　提案書を提出する前に、もう一つ大事なレビューがあります。提案書と見積もりが固まってきたら、提案に責任を持つマネジメントによるレビューを受けます。提案書のレビューというよりも、提案内容の収益性やリスクにフォーカスしたレビューです。これを APMP では「シニアマネジメントレビュー」、「ビジネスケースレビュー」と言います。

　レビュアーによるチェック項目の例は以下の通りです。

- 顧客の要求への理解が適切か？
- 提案価格が戦略と適合しているか？
- 提案ソリューションにリスクはないか？
- 提案内容の実行可能性は高いか？
- 差異化ポイントが明確に表現できているか？

　このレビューはマネジメントによる提案内容の承認という意味合いになります。ここで受けた指摘を提案書に反映し、提案価格も決定します。このレビューは実施日時の設定が重要です。上位マネジメント層は多忙であることが多いので、提案書が書き上がってから設定しては遅すぎます。キックオフミーティングを行ったタイミングでこのレビューの実施日を確定し、レビュアーである上位マネジメントのスケジュールを確保しておきましょう。

APMPのガイドラインでは、シニアマネジメントレビュー、ビジネスケースレビューは提出日から1週間前あたりで行うのが望ましいとされています。提案内容や期間に応じて組織で定めておくとよいでしょう。

　このレビューで承認を得ないと提案を提出できないように社内のガバナンスを効かせておくことが重要です。それにより、会社の収益性の確保やプロジェクト間の円滑な引き継ぎ、リスクの低減が可能になります。

5 印刷、製本、提出

5.1 提出までの計画を立てる

　必要な部数を用意して時間までに提出すること。これを守れずに提出期限より遅れてしまうと、せっかく提案書をつくっても受領すらしてもらえないというケースもあります。提案書を時間通りに提出できるかどうかは、評価を左右する大きな条件です。そのため時間厳守で作業を行います。

　印刷や製本は単純に見えて、慎重な作業が要求されて手間がかかります。プロポーザルプラン策定時に、現実的な作業時間を見積もることを推奨しました。特にこの部分は見積もりがおろそかになりがちなので注意します。
　また、製本用文具の在庫確認もお忘れなく。場合によっては10部、20部とたくさんの製本用バインダーや製本ファイル等が必要となります。印刷をして提出直前になって製本用資材が足りないことに気づいても、時間的な余裕はありません。RFPを受領してプロポーザルプランを作成した時点で、すぐに在庫を確認して発注をかけておくようにしましょう。

　誤字脱字チェックのレベルまで、すべて完了してから印刷できるとベストです。印刷をしたあとで差し替えが多発すると、部数が多い場合には対応する時間がとれません。印刷はすべて中身が完了してから開始できるようあらかじめスケジュールをしておきます。

5.2　印刷する

　テスト印刷をして、章番号などのナンバリングシステムに抜け漏れがないか、フッタのページ番号が抜け漏れなく振られいるかどうか、印刷して読めなくなった字がないか等をチェックしてから本番印刷に入ります。執筆者のプリンタと、本番用を印刷するために使用するプリンタが異なる場合、執筆者が設定していた改ページ位置が若干ずれる場合があります。また、本番用印刷に使用しているパソコンに必要なフォントがインストールされていない場合は、異なるフォントが自動的に設定されて印字されてしまうため、改行位置や文字の形が変わってしまうこともあります。そうしたミスを防ぐためにも事前のテスト印刷は必要です。

　基本的には最近はカラー印刷が主流かと思います。特にRFPで要求がない限りは、両面印刷等をして用紙を節約する形が主流になってきたかと思います。
　また、バインダーに閉じる場合、2穴を開けると提案書本文が欠けてしまったり、エクセルの表が欠けてしまう場合があります。左右の余白を十分に取り、本文が見えるように整えます。

　複数の添付資料や別冊資料を提出する場合には、すべての提出物が仕上がるのを待っていると印刷時間が間に合いません。できあがった資料から印刷を開始します。ドラフトレビューのスケジュールを工夫して、印刷可能な資料が時間差で完成するように調整します。

5.3 提出物の体裁について

A3資料の場合

まず半分に山折りにし、さらに下側の部分を半分に谷折りしてA4サイズに収まるようにします。A3資料が多い場合は折り畳む作業に時間がかかりますので、多めに時間を見積もっておきましょう。

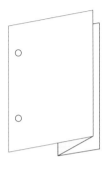

製本方法

多くの種類の提出物が要求される場合、または、提案書のページ数が数百ページにも及ぶ場合は、バインダーによる製本になるかと思います。外資系企業では、提案書全体で伝えたいテーマを連想させるイメージ画像などを表紙に取り入れるなどして、センスよくまとめている企業もあります。

近年では環境への配慮の一環で、ホッチキス止めなど簡易製本を要求する顧客もいます。

CD/DVD のラベル

CDやDVDで提出する場合、ラベルシール等を活用して自社のロゴや提案書の宛先、タイトル、社名などを記載します。

ただしRFPの提出要件にて、提案会社名がわからないような状態で提出することを要求される場合があります。公平性を守るためにどの会社が提出しているのかをわざと隠し、技術的要件の適合性と価格のみで選定しようという試みです。そうしたケースにおいては形式を守らないと失格になりますので、よくRFPの指示を見て対応しましょう。

5.4 電子ファイルでの提出の場合

　電子ファイルで提出する場合は、提案書を受領する人の受信メールの最大ファイル容量を事前に確認しておきます。上限を超えた場合は、複数のファイルに分割して送る、または、提案書作成の過程でできるだけファイル容量を小さくして、上限以内に収める努力が必要です。

　容量を小さくするためには、画像ファイルを多用しないようにするとか、貼り付ける場合は容量を圧縮してから貼り付ける等のルールを適用することで予防ができます。

CHAPTER 6

執筆者が必ず知っておきたい
書き方テクニック

この章のポイント

ねらい	・顧客の心をつかむ提案書を書く
時期	・提案書作成時
登場人物	・提案書の執筆者

プロポーザルマネジメントのプロセス

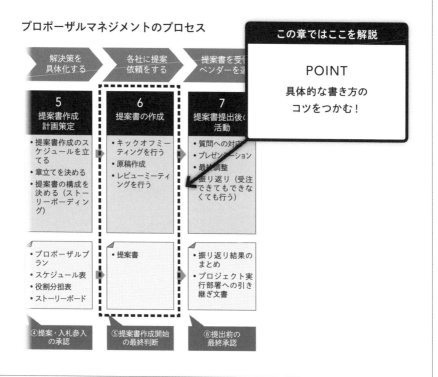

この章ではここを解説

POINT
具体的な書き方の
コツをつかむ！

CHAPTER 6

執筆者が必ず知っておきたい書き方テクニック

1 エグゼクティブサマリは こうして書く

1.1 よいエグゼクティブサマリの条件

　この章では、提案書作成のプロセスからさらに踏み込んで、提案書の中身をよいものにするための執筆のテクニックについて紹介したいと思います。まずはエグゼクティブサマリから始めましょう。

　エグゼクティブサマリについては、何度か紹介しましたが、提案内容が他社の提案より優れていることを顧客に理解してもらうための提案の要旨をまとめたドキュメントです。この提案こそが最適な選択肢であると意思決定者層に納得してもらうことを目指します。下記のようなポイントを押さえ簡潔にまとめます。

- 顧客のビジョンを理解していること
- 顕在・潜在ニーズの両方を理解していること
- ニーズを満たす提案を行うこと
- 提案内容がベネフィットをもたらすこと
- 競合よりも優れておりベストな選択肢であること

　これらのポイントの順番に着目してください。まず顧客のことから述べた上で自社について語っている点に特徴があります。顧客のプロジェクトを取り巻く背景や目的、将来目指すビジョンなどについて、自社が理解していることを示します。冒頭に顧客についての理解を示すことで、顧客は自分たちのことを理解してくれているという安心感を抱きます。

　二つ目の顕在・潜在ニーズとは、オポチュニティプランで分析したホット

ボタンに該当する部分です。RFP で明示されたニーズに加え、RFP に書かれていない潜在ニーズについて理解していることを、意思決定者層の優先度に応じて列挙します。潜在ニーズを突き止めることは、容易なことではありませんが、オポチュニティプランの実行段階でエグゼクティブサマリのドラフトや一枚提案書を用いて、自社の認識に齟齬がないか顧客とすり合わせるといいでしょう。口頭で確認するだけではなく、紙面に出力したものを提示しながら対話をすると、より正確な情報を引き出せることが期待できます。方向性に合意が得られた内容を提案に盛り込むといいでしょう。

次に、これらのニーズを満たす提案を行っていることと、その提案により顧客にもたらすベネフィットを述べます。『(顧客ニーズ)を実現する×××ソリューションを採用することで次のようなベネフィットを享受することができます』というように、顧客が享受できるベネフィットをホットボタンと整合させて表現します。可能であれば費用対効果を定量的に示せるといいでしょう。ここで、つい、自分たちが売りたい製品の特徴について述べたくな

図表 6-1 エグゼクティブサマリの例(ページ数を割けない場合)

背景	全体的方針に従いコスト削減の必要性		
目的	システム更改にあたりこれまでの問題点を解決する		
ホットボタン	#1	#2	#3
	コスト削減	コストの可視化	品質
解決策	自動化	運用の標準化	実績あるプロジェクトマネジャー
ベネフィット(利益)	新ビジネスへ人員投入ができる	人件費を削減	手戻りや遅延がない
優位性	他社よりも広範囲の自動化	実績	プロジェクト管理ノウハウ
プルーフポイント(証明)	類似案件での顧客評価	メディアでの評価	資格、経験類似案件事例

提出資料のページ数に制限があってあまりページを割けない場合は、このシートを清書してエグゼクティブサマリとし、提案書の別紙として提出してもよい。

図表 6-2　エグゼクティブサマリの例（ページ数を割ける場合）

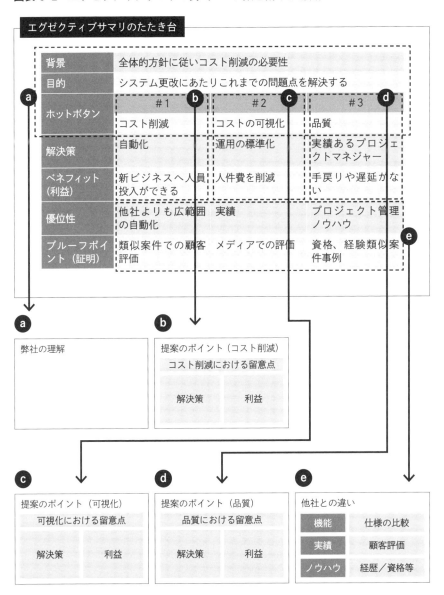

ページ数を割ける場合はエグゼクティブサマリのたたき台の項目を分解して
何シートかに分けて説明を加えて作成する

りますが、それが顧客の立場で得られる価値を述べるように注意します。文章の主語が顧客であるかどうかを確認するといいでしょう。

さらになぜ自社の提案を選ぶべきなのか、差別化ポイントを言語化します。多くの提案書では、この部分が言語化されておらず、読み手任せになっています。しっかり言語化して顧客に印象付けます。単なる競合との仕様の違いに止まらず、その違いが顧客にとってどんなベネフィットをもたらすのかまで言及できるといいでしょう。競合が知り得ないホットボタンに刺さる、コンプライアンスかつレスポンシブネスな提案書を目指します。

提案書を採点・評価する人が提案書を隅々まで読んでくれるとは限りませんので、コンパクトに要点をまとめます。提案書全ページの最大10%の情報量が目安です。100ページの提案書であれば10ページ以内に収めます。

1.2 エグゼクティブサマリは必ず添付する

顧客からエグゼクティブサマリの提出を求められなくても、必ずこの要素を提案書に盛り込みます。提案書の1章は提案の要旨をまとめるのが一般的ですので、1章にエグゼクティブサマリの要素を盛り込むといいでしょう。もし提案書の目次の様式が指定され、提案の要旨として提示できないような場合は、別冊とするなど工夫します。

エグゼクティブサマリを作成することにより次の効果が期待できます。

エグゼクティブサマリをできるだけ早くから顧客と対話しながらコラボレーションで作成することで、顧客との相互理解が深まります。他社が知り得ない顧客の本質的なニーズや課題を引き出せると同時に、自社の強みを顧客に印象付けることができ、競合他社よりも優位なポジションを確立することができます。自社が認識する顧客の課題と自社の提案内容との乖離をなく

し、ミスマッチな提案を未然に防ぐことができます。

　説得力のあるエグゼクティブサマリは、提案を採点・評価する側にとって理解しやすいため、訴求ポイントが不明瞭な提案よりも高い評価を勝ち取ることができます。多忙を極める意思決定者層が提案書を隅々まで読まずとも短時間で選定理由を見出すことができ、選ばれる可能性が高まります。

　提案書で述べるべき結論を先に顧客と合意し、提案書で肉付けをすることで、刺さる提案書作成を効率よく進めることができます。

図表 6-3 各段階でのエグゼクティブサマリの役割

提案の段階に応じてエグゼクティブサマリはさまざまな役割を担う

案件獲得活動	提案書作成計画	提案書の作成
・オポチュニティプランのまとめとしてエグゼクティブサマリのドラフトを作成 ・顧客と対話しながら完成に近づけていく ・顧客の担当者が社内を説得するための企画書のドラフトにもなる ・社内承認を取る際のコミュニケーションにも使える	・何のために提案書を書こうとしているのか、エグゼクティブサマリを使って目的や背景を提案メンバーと共有する ・エグゼクティブサマリで提案書の結論を述べて、提案書でその根拠や詳細を肉づけする ・提案書で述べるべき結論＝エグゼクティブサマリ。エグゼクティブサマリをまとめることで、結論を先に考えることになる	・意思決定者から高い評価を得るために、短い時間で「この提案を選ぶ理由」を納得させる ・提案書の第1章で「提案の要旨」として活用できる ・もしくは別紙で提出する

2 顧客の心をつかむ説得方法「FAB + PD」

読み手の心をつかむ製品やサービスの説得技法

　サービスや製品の紹介をする際に、相手に伝わりやすくする「FAB + PD」というフレームワークをご紹介します。Feature（特徴）、Advantage（利点）、Benefit（利益）、Proof Point（証明）、Discriminator（差別化）の頭文字をとったものです。

　Feature はカタログの仕様欄に書かれているような製品やサービスの特徴です。Advantage は、製品やサービスの一般的な役立ち方です。Benefit は、相手の個別具体的なニーズにもたらす利益となります。Advantage は売り手の目線からみた利点であるのに対して、Benefit は相手の視点からみた利益です。

　四つ目の Proof Point は、これらの利益が本当に実現できることの「証明」です。市場シェア、導入実績、取得資格、メディアからの評価、顧客の声などです。数値化されているものや、第三者により認定されている「事実」ベースの情報となります。

　最後の Discriminator は、自社の優位性で、なぜ自社の提案を選ぶべきかを言語化したものになります。競合と自社を比較して自社でしか実現できない強みとなる部分です。

　製品やサービスの紹介をするときに、これらの要素を分けて書くと伝わりやすくなります。さらには Benefit（利益）から述べて、Feature（特徴）や Proof Point（証明）で主張を補うと納得感が得られやすいとされています。

　では具体的な例で考えてみましょう。
　システム更改に伴い、新しいサーバを購入しようとしている IT 部門に対

して、サーバの紹介をしている場面を想定します。ただし、ここのDMU（キーパーソン）は技術的なことにあまり詳しくない管理職だとします。

Feature（特徴）に当たるのは「製品やサービスの仕様（スペック）」です。CPUのコア数や動作周波数、メモリやストレージ容量、OSの種類、搭載している機能、通信速度、サイズや重量、価格といった製品カタログの仕様表にあるような情報が該当します。

Advantage（利点）に当たるのは、Featureが一般的にどう役にたつのかを示す情報です。「処理速度が速い」「省スペース」といった内容です。

Benefit（利益）は、顧客が享受できる利益です。買い求める人が抱えている悩みや期待に合わせて表現をカスタマイズするものです。伝える相手によって表現が異なることがポイントです。相手のことをよく知らないと、心

図表 6-4 「FAB + PD」とは

図表 6-5　特徴、利点、利益、証明は分けて書く

に刺さる Benefit（利益）の表現ができません。

　キーパーソンの関心事が情報システムに関するコスト削減が命題であった場合、サーバをリプレースすることで運用コストが現行より削減できること、スペースを削減できることなどが刺さるかもしれません。相手の技術的な知識や関心が浅い場合、Feature（特徴）に終始したプレゼンや、技術的な説明ばかりの提案書であると、「何を話しているかわからない」「自分にいかに役に立つのか」「自分に関係のない話ばかりされてうんざり」と、提案書を読む気や、聞く気を削ぐ結果となってしまいます。そのため、事前にオポチュニティプランやプロポーザルプランで、キーパーソンは誰で、そのホットボタンは何かを押さえた上で、表現をカスタムメイドして刺さる表現にする必要があるのです。そうすることで「課題をよく理解してくれる」という安心感を与えることができます。

　また、Benefit（利益）の表現は定量化されていると望ましいです。顧客は Benefit の集合体に対して対価を支払うのです。Feature が充実していたとしても、それは購買の決定要因にはならないことの方が多いのです。

　ここで「コストが下がる」などの Benefit（利益）を聞くと、聞き手は「それは本当なのか？」と疑問を抱くはずです。そこで Proof Point（証明）が

必要となります。類似案件での運用コスト削減事例や、性能を立証できる数値データなどを添えて説得力を高めます。客観的なデータで立証することでBenefit（利益）の根拠を示します。

　ここまで聞いた顧客の中には、「このようなことは他社の製品やサービスでもできると聞いているよ。どこが他社との違いなの？　なぜ御社でなければならないの？」と疑問を抱くかもしれません。そこで必要なのがDiscriminatorです。オポチュニティプランの段階で、競合/自社比較で分析した自社でしかできない強みを用いて、なぜ自社の提案を選ぶべきなのか、他社とどう違うのかを説明します。

　提案書の原稿を書くときには、F, A, B, P, Dの要素をしっかり分けて書くと、伝わりやすくなります。これらの要素が一つの文章に混在していたり、無秩序に配置されたりしていると、どこがポイントなのか伝わりにくくなります。各要素をグループ化して、規則性を持たせ、図6-5のように分けて配置すると視認性の高い資料となります。

3 高評価をねらう回答の見せ方

　入札形式での提案活動は、プレゼンテーションの機会がなく、提案書での回答だけで評価される場合が多々あります。そのため、口頭での補足説明がなくても読んだだけで、相手の質問に対して100点以上の回答を書かなければ落とされてしまうと思って挑むべきです。パワーポイントで回答をつくる場合、質問に対して絵や図だけで表現すると、答えが言語で書かれていないため、回答しているのかしていないのか判別がつかずに減点となる危険性もあります。そのため必ず質問に対する答えを文章に起こして回答をしていきます。

　競合と提案書の中身で競わせる場合、評価者は提案書にざっと目を通し、読み、そして理解します。評価者が彼らの答えに対する答えを見つけやすいようにし、最大の得点を与えやすいようにします。

3.1　「要求条件適合一覧表」をつけよう

　要求条件適合一覧表（APMPではコンプライアンスマトリクスと言います）は、顧客側の評価者と提案者の双方が、RFPに適合した回答ができているかどうかをチェックするための一覧表です。
　RFPで要求された質問と、提案側の回答が網羅的に、かつ要件を満たしていることを、評価者がすぐにわかるように、RFPに記載された要件と、提案側の回答の適合性とその回答概要を一覧表にまとめます。一覧表に「提案書記載箇所」を併記して、提案書を1ページずつめくらなくても詳細情報を参照できるように誘導します。

要求条件適合一覧表のフォーマット

RFPでフォーマットを指定されている場合は、それに則して回答を埋め込みます。フォーマットの変更はしないようにします。顧客側が複数のベンダーからの回答を同じフォーマット上で比較しやすいようにするためです。

特に指定がない場合は、図表6-6のように、エクセルにRFPの要件を1行ずつコピーして、フォームをつくります。

提出用部分

顧客が提案内容の評価を行いやすいように下記の欄を設けます。

- RFPでの見出し番号（探しやすいように同じ番号をふっておく）
- RFPで記載された要件（1要件につき1行。抜け漏れなく回答するため）
- 適合性（各要件に対して適合性を○、×、△などで回答する）
- 回答欄（質問への回答、または実現方法を短い文章で説明する）
- 提案書記載箇所（提案書での該当ページ、または目次番号）

図表 6-6　要求条件適合一覧表の例

提出用					社内作業用（印刷しない）		
No	要件	適合性	回答	提案書記載箇所	回答担当者	訴求点	加点
		○					
		○					
		○					
		○					
		○					

社内作業用部分

　社内作業用に下記の欄を設けます。顧客への提出時は削除します。

- 回答担当者（氏名）
- 訴求点（アピールしたいポイントなどをメモしておく）
- 加点（顧客が特に加点すると明示した要件等をメモしておく）

レビューのポイント

- 回答内容は正確であるか？
- 問われていることに対して的を射た回答ができているか？
- 加点項目については評価を得られる回答になっているか？
- 他社と比較した優位性や、要求されていることに対して100％を超える付加価値が提供できているか？　（正確性を保ちつつ表現に工夫するようにする）

　以下の例では、要件の中に、「メール」と「電話」という、複数の回答すべき単語が含まれています。回答では、この両方に答えているかどうか確認しなければなりません。

　要件）
　メール、電話での問い合わせが可能であること
　回答）
　「メール、電話での御対応が可能です」もしくは、
　「緊急時は電話での対応、メールでの対応につきましては、緊急性のないものにつきましては応答可能です」など。

提出方法

　要求条件適合一覧表は提案書と一緒に提出します。製本する際は、この一覧表から提案書を参照しやすいようにバインダーの2穴を開けて取り出しやすい形に閉じるか、提案書とは別冊で閉じて出すとよいでしょう。

3.2 │ パワーポイントで詳細を見せる場合

　要求条件適合一覧表では、適合性の○、×、△と回答の概要のみを述べますが、表で書き切れなかった説明やアピールは提案書本体、または別紙で記載していきます。パワーポイントを利用してのまとめ方を紹介しましょう。

　図表6-7の例は、RFPの要件一つに対して1枚のスライド（またはそれ以上）で詳細説明をする例です。
　要求条件適合一覧表からこの資料へ参照させることを想定しています。
　参照する場合は要求条件適合一覧表の提案書記載箇所の欄に、見出し番号またはページ数を入れます。
　図表6-7の例では、毎ページ決まった位置、決まった色、決まった大きさのテキストボックス内に、RFPからコピーした要件を配置。その下に回答を記載していきます。そしてある程度決まった枠の中に図、または補足のテキストを配置して、一見してどこに回答があるのか、読み手がたどりやすくしています。

　次の図表6-8は、章の先頭ページに要件への回答概要の一覧表を挿入し、回答の概要を簡潔に述べた後、個々のページで詳細説明を入れる例です。

図表 6-7 一つの要件に1枚のスライドで答える例

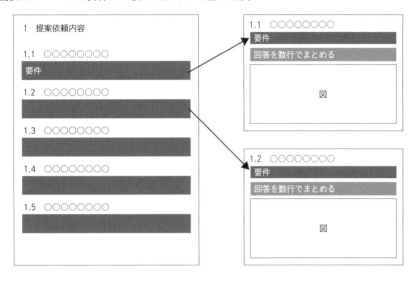

図表 6-8 まず回答概要を一覧表でまとめてからスライドへ割り振る例

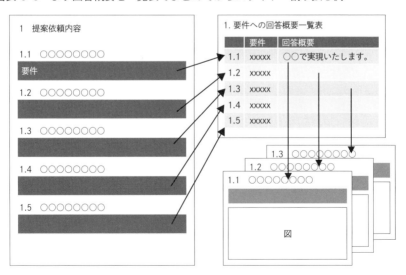

よい「テーマステートメント」とは

「テーマステートメント」は、提案書全体、章、ページ、段落で最も伝えたいキーメッセージのことを言います。冒頭に提示する「顧客の要求と提案内容がもたらす顧客側の利益を結びつける短い文」のことです。キーメッセージは他社にはできないユニークな差別化ポイントを、顧客の主要なニーズと関連づけて表現するのが特徴です。

一番目立つ冒頭で述べる

顧客のニーズと自社の提案のユニークな価値を表すテーマステートメントは一番目立つ冒頭に配置します。

提案書を読む顧客側の評価者がすべての文字を読むとは限らないことを念頭に、まず目に留めるところにキーメッセージとなるテーマステートメントを配置するのです。多くの読み手は、自分が読みたい答えをページの中から見つけ出すことに力を注ぎます。一字一句理解をするというよりも次のようなビジュアル的要素で目を留めて、自分が求める答え、関心のある内容を見つけ出します。顧客の要求をつかみ的確に答えていることを理解してもらえるように、答えの配置に工夫をします。

定位置に配置して一貫性を保つ

テーマステートメントは、提案書の最初から最後まで、できるだけ定位置にスタイルを揃えて配置します。ページをめくるたびにタイトルや本文の開始位置が異なると、一貫性が保てないうえ、読者にとっては視線の流れが定まらず、欲しい情報を探しにくくなります。

また、テーマステートメントはビジュアルで本文とは分けて強調するとよ

いでしょう。太字にしたり、色をつけたり、罫線で囲ったり、背景に色をつけるなどします。

簡潔な1文で完結させる

テーマステートメントは、声に出したときに、エレベータートークとして使える長さにまとめます。エレベータートークとは、忙しいエグゼクティブに対してエレベーターで同乗できた短い時間内に説得を試みる話法のことを言います。読み手を惹きつけるために、短く簡潔にまとめます。

テーマステートメントのブレーンストーミング

意味のあるテーマステートメントをつくるために、提案メンバーを集めてブレーンストーミングを行うとよいでしょう。提案チーム全体を巻き込むことで盛り上がりますし、顧客の立場で考える習慣がつきます。

以下のチェックリストは顧客に印象づけたいキーポイントを考えるために効果的です。

- この章のポイントは？
- なぜ顧客はあなたの提案書に印象づけられるのか？
- この提案のどの側面に買う価値を顧客を感じるのか？
- 競合のアプローチと比べて何が違うのか？
- ユニークで、欲しいと思える、顧客にとって利益があるところはどこか？
- この顧客のためにあなたの提案は何を提供するか？
- なぜ顧客は競合他社よりもあなたの製品が欲しいのか？
- 「だから何？」という問いに答えているか？

5 顧客志向の書き方で惹きつける

5.1 順序や見せ方で、読み手からの印象は変えられる

　最後にこの章のまとめも兼ねて、文章の書き方のコツを紹介したいと思います。書き方一つで顧客志向の印象づけが可能になります。

　まず、顧客が目指している将来像と自社の提案内容をリンクさせて表現することが大事です。

- よい例
  貴社では「常に勝ち続ける提案部隊の実現」というビジョンのもとに、提案力強化の施策を目指されています。本書にてご紹介するプロポーザルマネジメントは、勝率の向上、提案効率の向上を図り貴社のビジョンの実現に貢献いたします。

自分のことよりも相手のことを先に書く

　文章を書き始めるときに、自分のことよりも相手のことを先に書くようにしましょう。相手が日頃から悩んでいること、ホットボタンとなりそうなキーワード、相手の業界における共通の関心事等を先に記載したうえで、自分たちの主張を展開します。いきなり自分の主張から始めるのは避けましょう。

- 悪い例（自分のことを先に書いている）
  我が社の提案メソッドは組織の提案勝率の向上に役立ちます。提案書づくりの効率アップにも役立ちます。そして、長く続ければ組織全体の提案

力が高まります。提案書をもっと改善したいという人のニーズに答えます。

- よい例（自分のことよりも相手のことを先に書いている）
  提案活動に従事する人々は、時間と手間がかかる提案書づくりをもっと効率よく行いたい、勝率を高めたいという問題意識を持っているかと思います。このようなニーズに弊社のプロポーザルマネジメントは役立ちます。

自分のことばかり語るのはやめよう

自社のことよりも「相手のことを多く書く」ことも大切です。普通の会話の場面でも「僕はこんなにすごいんだよ」「聞いて聞いて！」と自分のことばかり話す人との会話には辟易するでしょう。提案書でも、相手の状態を無視して自分のすごいところばかりを語られても、自分にとって価値や意味を見いだせない限りは、時間の無駄、読んでも無駄と思って途中で耳をふさぎ、読む意欲が損なわれてしまいます。1ページの中で、相手について述べている文章と、自分のことを語っている文章の数を比較して、相手のことについて書いている比率を高くしていくようにしましょう。

相手の言葉を使って表現する

顧客が用いる単語と同じ表現を用います。おうむ返しをしましょう。

特徴や利点よりも顧客の利益から述べる

顧客は一般に結論から聞きたがります。そこで、「これから聞く提案がどんな利益をもたらすのか」という問いにまず答えてから製品の特徴、実証データなどを説明しましょう。
また、単に利益や解決策を述べただけでは、「ほんとにそうなの？」「だか

ら何？」という疑問が浮かぶだけです。それに対して、主張を補足する第三者の声、実績などの事実を提示すれば納得観は高まります。

　顧客の状況を十分に理解していないと、特徴の羅列になってしまいがちです。そうならないように、事前に顧客に関する情報を可能な限り集め、顧客と同じ立場から問題を捉えるようにします。

最も重要なポイントから最初に述べよ

　多くの評価者は最初に目に飛び込んできたことに興味がないと、すぐに読むのをやめてしまいます。評価者はいつでも読むのをやめる可能性があります。そこで、重要なポイントから先に述べることが大事です。

　伝える順序については、冒頭にサマリ（要約）を置くのが原則です。すべてのレベルで、冒頭に訴えるポイントを要約してから詳細を展開します。要約することにより評価者が読むのをやめる前に最も重要なポイントを理解させられます。すべてのレベルとは、提案書全体、巻、章、サブセクション、そして段落です。

テーマステートメント、サマリ（要約）、詳細説明での主張をビジュアルで補う

　ページや段落の頭のほうで結論を述べ、その後詳細説明を補っていきます。その際、図やグラフ、画像などを利用してビジュアル面から読み手の理解を促進します。顧客の利益の証明として根拠となるデータやグラフ、表を提示します。テーマステートメントの印象を強めるメッセージ性のある写真画像なども活用します。

似たような考えは冗長にならないようにグループにまとめる

　ときどきRFPの中で、複数の章にわたり同じような質問が繰り返し登場

することがあります。その場合、繰り返し同じ回答を複数ページに掲載すると冗長に見えることもあって、どう回答したものか困ります。そういう場合の回答の仕方の例を紹介します。

- 読み手や評価者が章ごとに異なる場合は、回答漏れと見なされないように一貫した内容の回答を、繰り返し複数箇所に表記する
- 二回目以降の回答は、すでにした同じ回答の掲載ページや見出し番号を記載し、そちらを参照してもらうようにする
- 要求条件適合一覧表で回答の概要を述べ、詳細説明をしている提案書の該当ページ数や見出し番号等を参照させる

これらのような方法で、この提案書を読む評価者から、抜け漏れなく100点以上の回答であると評価されるように工夫しましょう。

CHAPTER 7

見やすい！伝わる！
スライドデザインのつくり方

この章のポイント

ねらい	• 評価者にビジュアル面でも強く訴える資料をつくる
時期	• オポチュニティプラン実施時 • 提案書作成時 • プレゼン資料作成時
登場人物	• 提案書の執筆者、営業など

プロポーザルマネジメントのプロセス

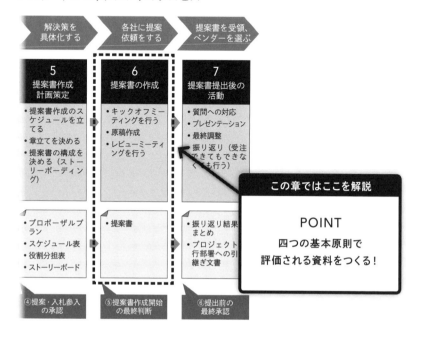

この章ではここを解説

POINT
四つの基本原則で
評価される資料をつくる!

CHAPTER 7
見やすい！伝わる！スライドデザインのつくり方

1 評価者をビジュアルでも惹きつける

1.1 レイアウトの四つの基本原則

　この章では、伝えたい内容をビジュアルでもアピールするスライドのデザインについて紹介していきます。

　提案書の評価者は、最初にパラパラと見て、その後、読むことを始めます。目に飛び込んできたことに興味が持てない場合、その先を読むことをやめてしまうこともあります。そこで、ひと目でよい印象を持ってもらえるビジュアルづくりが大変重要になります。

　ビジュアルで訴えかけてくる提案書なら、評価者は知る必要のあることをすばやく見つけられます。また、評価者を惹きつけ、理解の促進にも役立ちます。「見た目」は提案書が読まれるかどうか、また、どう読まれるのか、

図表 7-1　四つの基本原則

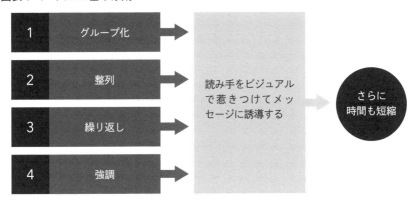

内容を覚えてもらえるのかを左右するのです。

　それでは、伝えたいメッセージを強調できる、ビジュアル的にも優れた資料をつくる方法を紹介しましょう。絵心やセンスがなくても図表7-1の「四つの基本原則」を守れば、誰でも魅力のある資料がつくれます。

1.2 ｜ グループ化

　基本原則の一つ目はグループ化です。ポイントは、

- 単語や文章で意味の近いものはグループ化する
- 意味の近いグループ同士を近くに配置する
- 意味の遠いグループ同士は距離を離して配置する
- グループの大きさや色を揃える
- グループに属さないものは省く

　次の三つのスライドは同じ内容が書かれています。図表7-2のスライドは文字がたくさんで、何が書かれているかパッとつかみづらいと思います。文字を熟読してようやく、五つの承認ゲートの説明であることが理解できるという状況です。そこでグループ化のルールを適用してスライドをつくり替えてみます。

　つくり替えたのが図表7-3です。承認ゲートごとの段落の行間を広めにとり、文章に埋もれていた見出し部分を別の行に移し太字にして強調。見出しと付随する説明文は意味が近いので行間の距離も近くして一つのかたまり、グループに見せます。
　他のグループは意味の遠さを行間の距離を多めにとることで視覚的に理解できるようにします。
　こうして、重要なポイントが五つあることがつかめるようになりました。

図表 7-2　パッと見てわかりにくい例

> ## チェックポイントとなる「承認ゲート」
>
> 　　承認ゲート1 案件の評価　マーケティング活動で見つけた見込み客に対して、次のステップ(案件の評価)に移るかどうかを決める承認ゲートです。案件が自社の戦略、能力、事業範囲に合致しているかを確認し、情報収集を行うためのさらなる提案活動に人員を投入するかどうかを見極めます。
> 　　承認ゲート2 案件承認　案件獲得のための具体的な戦略の策定と実行に移るかを判断する承認ゲートです。自社のビジネスと顧客の要求のギャップを把握し、この先も情報収集する価値があるかどうか判断します。価値があると判断された場合は、戦略の作成と実行のために、顧客と対話をする担当者が任命されます。
> 　　承認ゲート3 提案/入札参入の承認　ここまでの情報を総合して、社として提案すべきかどうか判断します。提案すると判断した場合、提案書作成要員が任命されます。
> 　　承認ゲート4 提案書作成のための最終判断　提案依頼書(RFP)を受領したら、RFPの内容が競合他社に有利になっていないか確認し、提案書作成をこの先も進めるか決定します。
> 　　承認ゲート5 提案内容の最終承認　提案書の内容と金額の最終承認を行います。承認を得てから提案書を顧客に提出します。

図表 7-3　余白を効果的に活用してキーポイントを強調した例

> ## チェックポイントとなる「承認ゲート」
>
> **承認ゲート1　案件の評価**
> マーケティング活動で見つけた見込み客に対して、次のステップ(案件の評価)に移るかどうかを決める承認ゲートです。案件が自社の戦略、能力、事業範囲に合致しているかを確認し、情報収集を行うためのさらなる提案活動に人員を投入するかどうかを見極めます。
>
> **承認ゲート2　案件承認**
> 案件獲得のための具体的な戦略の策定と実行に移るかを判断する承認ゲートです。自社のビジネスと顧客の要求のギャップを把握し、この先も情報収集する価値があるかどうか判断します。価値があると判断された場合は、戦略の作成と実行のために、顧客と対話をする担当者が任命されます。
>
> **承認ゲート3　提案/入札参入の承認**
> ここまでの情報を総合して、社として提案すべきかどうか判断します。提案すると判断した場合、提案書作成要員が任命されます。
>
> **承認ゲート4　提案書作成のための最終判断**
> 提案依頼書(RFP)を受領したら、RFPの内容が競合他社に有利になっていないか確認し、提案書作成をこの先も進めるか決定します。
>
> **承認ゲート5　提案内容の最終承認**
> 提案書の内容と金額の最終承認を行います。承認を得てから提案書を顧客に提出します。

図表7-2、7-3は、印刷物として配布し、読む人が手元で文字をたどれる場合のためのシートです。プレゼンテーションも兼ねた場合は、説明文の内容を瞬時に理解してもらうためにさらに工夫をしたいところです。プロジェクターに投影されたものを遠くから見る場合、説明文が長いとその内容を瞬時に捉えることができないからです。
　そこでさらにパット見て説明文の内容が印象に残るように図解をしてみます。

　図表7-4はプレゼンテーション用に作成したものです。先ほどのスライドの内容をもう少し小さいグループに分類すると、「承認ゲートの順番と承認ゲートの名称」「目的」「承認された結果となる決定事項」が書かれていることがわかります。そこで細分化された要素ごとに、ボックスにテキストを入力して分類します。列ごとに見出しをつけて、何が論じられているのかパッとわかるようにします。

図表 7-4 プレゼン用のスライドの例

チェックポイントとなる「承認ゲート」
勝てる見込みのある案件に注力し、勝率を高めるためのチェックポイント

	承認ゲート	目的	決定事項
1	案件の評価	見つけた見込み客の案件に対して、案件の評価の段階に移るかどうかを決める	案件評価の担当者の任命（No の場合は辞退）
2	案件承認	戦略の策定と実行に移るかを判断する	案件リードの任命（No の場合は辞退）
3	提案/入札参入の承認	RFPのドラフトを入手したら社として提案すべきか、入札に参入するべきかどうか判断する	提案書作成担当者の任命（No の場合は辞退）
4	提案書作成のための最終判断	RFPの正式版を入手したら提案書作成に進むかどうか最終判断をする	提案書作成を開始させる（No の場合は辞退）
5	提案内容の最終承認	提案書の内容と金額の最終承認を行う	提案書を顧客に提出（No の場合は辞退）

行頭文字

パワーポイント特有の問題でよくあるのが、箇条書き書式に関する問題です。

図表7-5を見てください。このスライドは箇条書きをしているつもりでも、行頭文字が埋もれてしまっています。行間が狭くいくつポイントがあるのかもわかりません。行頭文字からテキスト開始位置のスペースが狭く、また、二行目のインデントが確保されておらず、二行目の最初の文字が行頭文字と同じ位置になってしまっています。

そこで、つくり替えたのが図表7-6です。行頭文字からテキスト開始位置までスペースを多くとりました。また、一行目のテキスト開始位置と二行目のテキスト開始位置が同じラインに揃っています。

図表 7-5　行頭文字が埋もれていて見づらい例

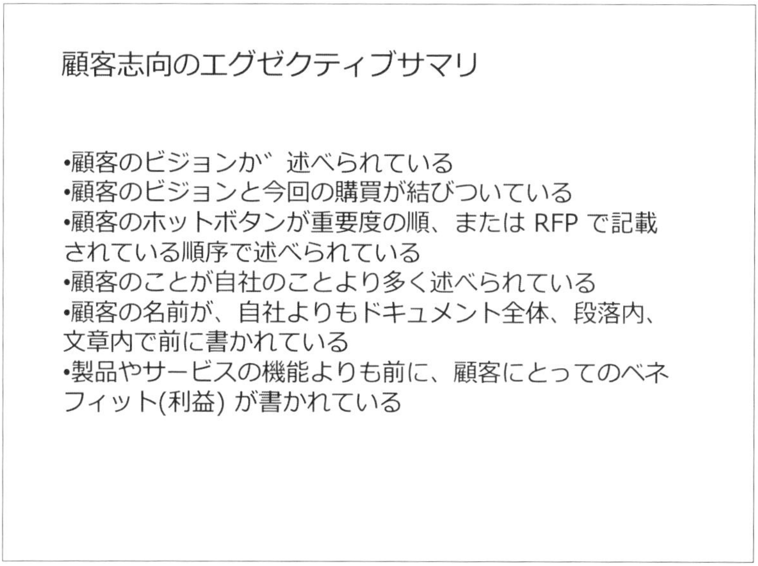

```
顧客志向のエグゼクティブサマリ

•顧客のビジョンが述べられている
•顧客のビジョンと今回の購買が結びついている
•顧客のホットボタンが重要度の順、または RFP で記載
されている順序で述べられている
•顧客のことが自社のことより多く述べられている
•顧客の名前が、自社よりもドキュメント全体、段落内、
文章内で前に書かれている
•製品やサービスの機能よりも前に、顧客にとってのベネ
フィット(利益) が書かれている
```

図表 7-6　行間を開けて読みやすくなった例

顧客志向のエグゼクティブサマリ

- 顧客のビジョンが述べられている

- 顧客のビジョンと今回の購買が結びついている

- 顧客のホットボタンが重要度の順、または RFP で記載されている順序で述べられている

- 顧客のことが自社のことより多く述べられている

- 顧客の名前が、自社よりもドキュメント全体、段落内、文章内で前に書かれている

- 製品やサービスの機能よりも前に、顧客にとってのベネフィット(利益)が書かれている

　箇条書きの行間を広くとり、ポイントが六つあることが識別しやすくなりました。図表7-5のスライドよりも読みやすくなりました。

パワーポイントでありがちな意図しない箇条書きの謎

　パワーポイントを開くと自動的にテキストを入力する欄のあるスライドが表示されます。その枠の中にテキストを入力し、行の途中で改行をしたいのでキーボードの「Enter」キーを押すと、必要がないのに勝手に次の行にも行頭文字が挿入されてしまうことがあります。そこで不要な行頭文字を「Backspace」キーで削除。するとテキストが左に飛び出してしまいインデントが揃わない。そこでスペースキーで余白を挿入して右にテキストの開始位置をずらす。すると、上下の行とテキストの開始位置が微妙にずれて気持ちが悪い。だけどうにもできずにあきらめてしまう……。

　こういうことを多くの人が行っているようです。またテキストボックスの

サイズを変更したときに、変なところで空白スペースが入ってしまうこともあります。

　こうした問題を解決するためには、パワーポイントの「段落」の概念と「ルーラー」の機能を理解しておくとよいでしょう。
　パワーポイントやワードでは段落単位で書式が設定されるようになっています。パワーポイントでテキストを入力すると、「Enter」キーを押すところまでのひとかたまりが一つの段落と見なされます。箇条書きを書いているところで Enter キーを押すと勝手に行頭文字がふられるのは、新しい段落が追加されたと認識されるためです。
　一方、箇条書きをしているときにテキストボックスの右端までテキストが及ぶと強制的に改行されますが、Enter キーは押していないため、次の行も一つの段落内と見なされ行頭文字が振られることなしに改行することができます。
　もし行の途中で強制改行したい場合は、「Shift + Enter」キーを押すと、同一段落内と見なされます。単に箇条書きの行の途中で Enter キーを押すと、新たな段落と見なされ行頭文字が振られてしまいます。

ルーラーを使う

　段落におけるテキストの開始位置を決めているのが「ルーラー」です。
　パワーポイントのスライドの上部にある水平な定規のようなものを「ルーラー」と言います。ルーラー上には２種類の「インデントマーカー」があります。段落の先頭行の開始位置を決めるマーカーと、段落内の二行目以降の開始位置を決めるマーカーです。
　インデントマーカーは、箇条書きレベルごとに付与されます。各レベルの段落にカーソルを合わせるとマーカーが右にずれていきます。

　箇条書きに階層をつけたいときは、まず、パワーポイントの「スライドレイアウト」の中から、コンテンツの入力欄があるものを選びます（図表7-7

図表 7-7 「インデント」と「インデントマーカー」を活用する

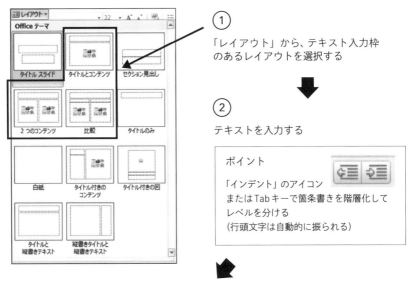

① 「レイアウト」から、テキスト入力枠のあるレイアウトを選択する

② テキストを入力する

ポイント

「インデント」のアイコンまたはTabキーで箇条書きを階層化してレベルを分ける
（行頭文字は自動的に振られる）

③ ルーラー上のインデントマーカーを動かして位置を決める

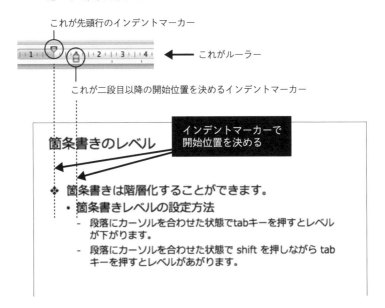

図表 7-8 行の途中で強制改行したい場合

> ### 箇条書きの行の途中で強制改行する
>
> ❖ 箇条書きの途中で強制改行することができます。
>   - 箇条書きレベルの設定方法
>   - 段落にカーソルを合わせた状態でshift + Enterキーを押すと強制改行ができます。
>   - 普通の改行、つまりEnterキーを押すだけだと自動的に行頭文字がついてしまいます。
>   - 強制改行だと同じ段落内と認識されるので新たな行頭文字が振られることはありません。
>
> **Shift + Enter**
> 行の途中で強制改行をすることができます

の①)。そしてテキストを入力します。箇条書きをしたい場合は、「インデント」のアイコンまたはキーボードの Tab キーを押します（図表7-7の②)。テンプレートによりあらかじめ行頭文字やインデントが設定されているため、繰り返し配置が統一されます。

なお、逆に階層を一段上げたいときは、「Shift + Tab」で1レベル上げることができます。

1.3 整列

テキストや図表などの配置を揃えると、無作為に配置するよりもぐっと整った印象になります。パワーポイントの「ガイド」機能を使って基準線をつくってレイアウトを整えます。

図表 7-9 一見、問題なく見えるが整列していない

図表 7-10 タイトル、テキスト、グラフとも美しく整列している

図表7-9のスライドを見てください。
　パッと見てそれほど見た目が悪いというわけではありませんが、もう少し改善の余地があります。整列のルールが適用されていません。
　次に、図表7-10を見てください。先ほどの資料と内容は同じですが、テキストボックスや表やグラフを、目には見えませんがある基準線に合わせて整列させています。スライドのタイトル「売上高」を左寄せにして、その開始位置に揃えて説明文のテキストボックスやグラフの左ふち、出典のテキストボックスの開始位置を一直線上に並べました。また、グラフの高さと表の高さも揃えています。
　一方、図表7-9の例は、スライドタイトルが中心に配置され、テキストやグラフ、表の配置に規則性もなく無秩序に置かれています。

　これらの例を見てわかるように、見えない基準線を自分で定めてタイトルやテキストボックス、グラフ、表を揃えることで資料の安定感が向上します。すると読み手の視線の動きが定まり、メッセージを集中して読み取ってもらうことができるようになります。

「ガイド」を活用する

　パワーポイントを開くと、水平線（横線）と垂直線（縦線）が点線で表示されているときがあります。これは図形や画像などの配置を揃えやすくするための「ガイド」という線です。画面には表示されますが、印刷はされません。このガイドの線の近くに図形などを移動させると、この線に吸いつくように揃えることができます。
　ガイドの線を増やしたいときはキーボードのctrlキーを押しながら、既存のガイド線をドラッグします。削除したいときは、線をドラッグしてスライドの外に出します。
　ガイドが表示されていない場合は、パワーポイントのバージョンにもよりますが「表示→ガイド」などで表示してから使います。

図表 7-11 「ガイド」を使おう

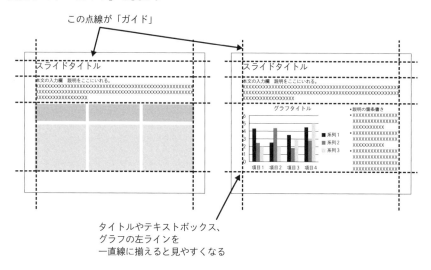

テキストの開始位置や、図、グラフの側面を一直線に揃えると整った印象にすることができます。

図表7-12はある体制図です。係名が書かれているボックスの位置が整列していません。また、各担当者名の入っているボックスの形も均一でありません。人数が同じでありながらボックスの大きさが異なってもいます。さらに、リーダーと係名の間の線の太さが一定ではないので、細い線に何か意味があるのではないかと疑わく思われてしまいます。

そこで、図表7-13のようにつくり替えました。ガイドを使用してボックスを基準線上に配置。形もすべて四角形に統一。線の太さも同じに揃えました。

図表7-13では整列することに加え、配置する位置、大きさ、線の太さ、カーブの強さ一つひとつに意味があることに気づくかと思います。

図表 7-12 すべてバラバラ。無秩序な体制図になっている

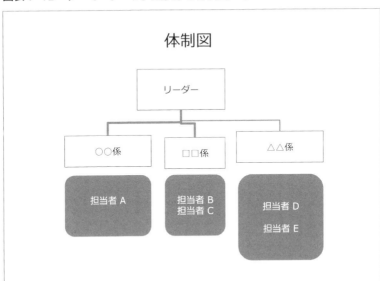

図表 7-13 ガイドを使用して整列。形や大きさも統一

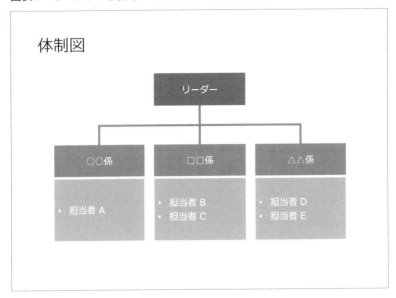

1.4 繰り返し

　同じデザインテンプレート、同じカラー、同じサイズ、同じフォント、同じ文体、同じ行頭文字、同じ位置……とできるだけ揃えるようにすると整理された印象になります。

　図表7-15は、無秩序に色をつけているため色の関連性がつかみにくくなっています。また、整列もできていないので目線が泳いでしまいます。
　テキストボックスや、四角いシェイプの配置にも規則性は見られません。さらに矢印がボックス間で結合されていないので、この離れたところに何か意味が込められているのではないかと考えてしまう人もいそうです。
　スペースがあいているから、そこにテキストを埋め込むのではなく、意味を持たせて配置することが大事です。

図表 7-14 繰り返し同じデザインテンプレートを使って統一感を出す

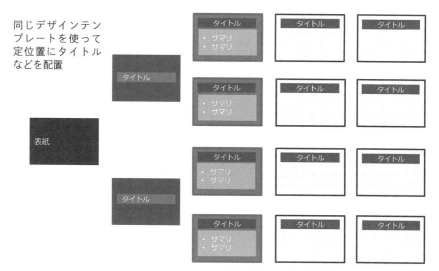

図表 7-15 繰り返しも整列もできていない例

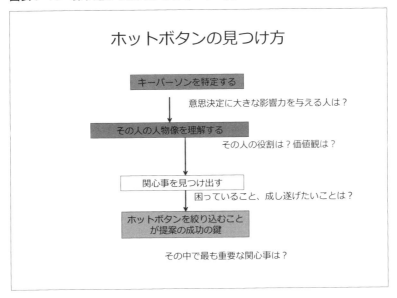

図表 7-16 繰り返しが効果的に使われている例

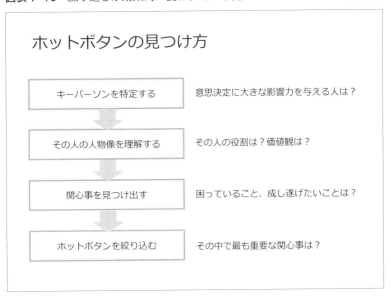

一方、図表7-16はボックスをすべて同じ色、同じ背景、同じサイズで統一しています。また、位置が規則的にずれていることで、ボックスに異なる色をつけなくても十分に意味は通じます。

繰り返し同じ書式を設定するときに役立つパワーポイントの機能

パワーポイントの「書式のコピー」という機能では、オブジェクトの書式だけを別のオブジェクトにコピーすることができます。「テキストのサイズと色を設定し、図形を色で塗りつぶして、図形の枠線の色を変える」という一連の設定を複数のオブジェクトに対してしたいとき、一つずつ設定を行わなくてもよくなります。

あとから追加したテキストや図形を、すでに設定してある別のオブジェクトの書式と同じに揃えたいときに利用すると便利な機能です。

やり方は、もとになるオブジェクトを選択した状態で、「書式のコピー 」をクリック。次に書式を設定したいオブジェクトを選択します。すると最初のオブジェクトの書式だけがコピーされます。

書式の張りつけは一回しか効かないため、二つ目、三つ目と続けて書式をコピーしたい場合は、書式を貼り付けたいオブジェクトを選択し、キーボードの [F4] キーを押します。[F4] キーは、直前のコマンドを繰り返す機能を持ちます。書式のコピー以外でも、繰り返しの操作に役に立ちます。

こうした機能を活用して、提案書全体の配色、書式を統一し、顧客から見て一貫性のあるデザインに仕上げていきましょう。

1.5 | 強調

特に読み手に印象づけたいポイントだけ、思い切って強調します。例えば、他の部分はニュートラルカラーを使い、特に見てもらいたいところだ

図表 7-17　色遣いで強調する場合

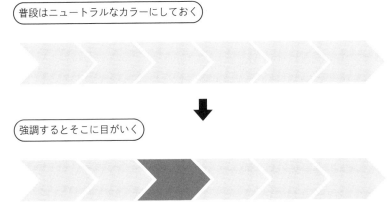

け、赤やオレンジなどの暖色系の色を使うなどです。目線がそこに向かうため視認性が高まります。

テキストで強調をするときは下線や太字を使うというのが一般的ですが、思い切って強調したい単語だけ、ハイライトカラーを入れるということも効果的です。強調するときの色を決めておくとよいでしょう。

1.6 配色をどうするか

提案書を作成する場面では、締め切りに間に合わせるために短時間で資料をつくり上げる必要があります。そのため、配色を決めるための時間的な余裕はあまりありません。センスに自信がない人は、何色を選んだらよいのか迷うことも多いでしょう。そんな場面でもパワーポイントの「カラーパレット」を使えば、誰でもセンスのよい色遣いをすることができます。

パワーポイントでは、デザインテンプレートごとに基本となる色が決まっ

図表 7-18 パワーポイントの「カラーパレット」

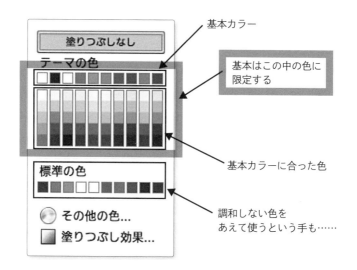

ています。カラーパレットの一行目がそのデザインテンプレートの基本カラーです。そして、その下には、基本カラーの明度の値を変化させた同系色が出てきているはずです（図表7-18）。これらは基本カラーと相性のよい色ですから、混在させても違和感がなく調和します。この、一行目の基本カラーとその下の同系色から色を選べば、提案チーム内にデザイナーがいなくとも、全体的にまとまったセンスよく見える資料に仕上げることができます。

一方、カラーパレットの下にある「標準の色」は、基本カラーと関係ない色ですから使用しても調和せず、違和感を生じる色になります。そこであえて強調したいところだけにここから選んだ色を使用して目立たせるという手もあります。

標準の色の下にある「その他の色」を選ぶと巣状に広がったパレットから色を選ぶことができます。しかしここから基本カラーと調和する色を見つけ

出すのは難しいと思います。
　そこで、基本的には上段にあるパレットから色を選ぶことをおすすめします。

CHAPTER 8

勝率を高めるために：
提案書提出の後にすべきこと

この章のポイント

ねらい	• 持続的に提案で勝つ組織になるための学習を定着させる
時期	• 提案書提出後
登場人物	• 案件全体を担当するプロジェクトマネジャー • 提案書作成期間をリードするプロポーザルマネジャー • 提案書作成に関わったメンバー • 提案製品やサービスの担当者

プロポーザルマネジメントのプロセス

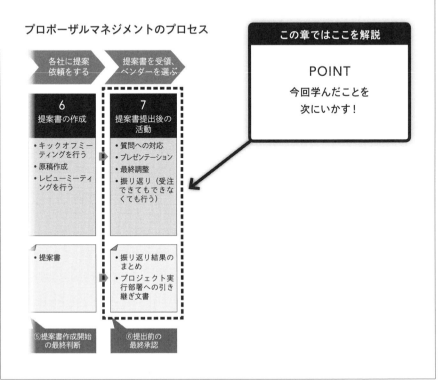

この章ではここを解説

POINT
今回学んだことを
次にいかす！

CHAPTER 8
勝率を高めるために：提案書提出の後にすべきこと

1 プレゼンテーション

1.1 いつ、どこで、誰に対してプレゼンするのか

　提案書の提出後にプレゼンテーションを求められることがあります。その場合は、時間や場所、参加人数などについて事前に確認します。プレゼンテーションの内容や組み立てがそれによって変わってくるからです。

- 所要時間は？
  内容の濃さを反映します。
- 場所は？
  顧客との物理的な距離を把握します。
- 参加者の人数は？
  資料の図表・画像・動画や文字の大きさ等を考える際に考慮します。

伝える相手は誰か？

　相手に合わせたコミュニケーションをするには、人はそれぞれ立場や役割によって興味の範囲や関心事が異なる、ということを理解しなければなりません。

　こういう例はないでしょうか？　技術的な説明を延々と管理職の人にプレゼンテーションしてしまい、何を言っているのかわからないと言われてしまうというような例です。プレゼンテーションをする立場からすると、最新技術はどんな人にとっても興味深いものであると思ってしまうかもしれません。伝える相手が技術者であれば興味を持って聞いてくれたかもしれません。しかし日頃から技術的なことよりもいかに利益を出すか、マネジメント

図表 8-1 伝えるべき相手は誰？ 誰目線で書く？ その人の関心事は何？

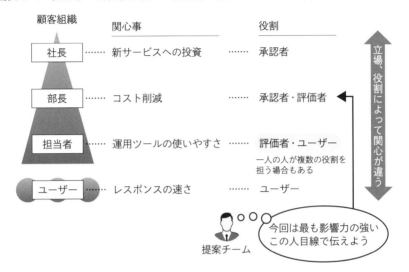

をしていくかに関心がある人たちは、どういうやり方であるかは求めておらず、いかに儲かるのか、自分の最大の関心事であるコスト削減にいかに役に立つのか、結果だけ聞きたいと要求されることがあります。

このように組織において相手がどんな役割を担っているのか、そしてその人たちの関心事は何なのかを捉えたうえで、伝える内容を定めていくことが相手の興味を惹きつけるうえで大切なことです。

1.2 スライドの準備

提案書をパワーポイントでつくる場合、提案書から一部のスライドを取り出して、プレゼンテーションでも流用したいという人が多いかと思います。ストーリーボーディングのときに、例えば、章の冒頭のページにサマリ（要約）を入れておくなどのルールを決めておき、計画段階からプレゼンテー

ションでの利用を見据えてのページレイアウトや文字の大きさをつくり込んでおくとよいでしょう。

提出した提案書から、エグゼクティブサマリと章サマリの部分を切り出して、あとは特に主張したいポイントに絞って必要な説明スライドを追加していくと、プレゼンテーション用のスライド作成の時間短縮に役立ちます。

1.3 リハーサルを行う

プレゼンテーションで厳しい質問が顧客から来ることが想定される場合は質問と回答をあらかじめ準備しておくようにします。

リハーサルをしながら再度、以下の項目が盛り込まれているかチェックします。

- 顧客のビジョンと提案内容をリンクさせているか？
- ホットボタンに触れているか？
- 評価基準に対して答えが盛り込まれているか？
- 特に加点が高くつく質問に対してアピールができているか？
- 他社との違いは明らかか？
- ベネフィットが訴求できているか？
- 納得感のあるプルーフポイント（証明）が提供できているか？
- 参加者全員から文字が読めるか？

これらの項目を第三者に評価してもらいましょう。

1.4 伝え方のポイント

プレゼンテーションも提案書と同様、顧客のことについて先に述べた上で、自社については後から述べるようにします。顧客にとって重要なことや知りたい順に構成し、評価のしやすさを考慮します。

プレゼンテーションの構成

プレゼンテーションは、前段階で作成したエグゼクティブサマリ、バリュープロポジション、テーマステートメントを有効活用し、組み立てます。

冒頭
- 挨拶
  提案の機会を得たことへの謝辞と意気込みを述べます。
- 顧客についての理解を述べる
  本プロジェクトのビジョンや背景・目的、課題やホットボタン（顕在・潜在ニーズ）について触れます。

主張
- ニーズを満たす提案をしたことと、その概要、提供するベネフィット、バリュープロポジションについて述べます。

根拠
- 提案が最適な選択肢であることについて根拠を示し証明します。
- Feature（Benefitを実現する主要な製品やサービスの概要）
- Proof Point（過去の事例や実績）
- Discriminator(他社との違い)

まとめ
バリュープロポジションまたは、提案書全体を通してアピールしたいテーマステートメントを述べて締めくくります。

他社との違いを印象付ける

　プレゼンテーションの採点者は、1日に何社ものプレゼンテーションの評価・採点を行っている場合、各社がどのような特色をもっていたか後になってわからなくなることもありえます。後になって想起されるよう一言で他社との違いを際立たせるフレーズを用意しておくことをお勧めします。このフレーズをWinテーマと言います。Winテーマは提案書全体を通したテーマステートメントです。(157ページを参照)。プレゼンの冒頭や締めくくりに述べたり、提案書の表紙のサブタイトルに組み込んだり、表紙に写真イメージを貼り付けたりするなど、評価者の印象に残します。

1.5　質問への対応法は決めておく

　プレゼン当日の質問対応は、顧客に重要なポイントを印象づけたり、顧客が考えていることを明確にする重要な機会となります。

質問を受けるときのポイント

- 1度に一つの質問に応じる（複数を同時に答えることはしない）
- 質問者に向かい前かがみになるか、少し前に出て近づくようにして注意深く聞く
- アイコンタクトをとる
- 途中で相手の話を遮らない
- 内容を聞き取り、質問の目的や意図を汲み取る
- 答えを知らない場合、チーム内の他のメンバーにゆだねる

回答を述べるときのステップ

- 質問を復唱する

- まずは回答の要旨を話す
- 内容を補う
- 答えを要約するか、最初に述べたことを復唱する
- 質問者に満足したかどうかを確かめる

　もし否定的な質問を受けた場合は、復唱することは避けます。その場合はポジティブな側面について話すように試みます。

2 振り返りミーティングを開く

2.1 社内での振り返り

　提案書を提出し、受注可否の結果が出たら、提案活動全体を振り返るミーティングを行います。一つは社内でのレビュー、もう一つは顧客とのレビューです。いずれも今後の提案での勝率アップを目的に、今回の経験からの学びを蓄積していきます。

　この振り返りミーティングの参加者は、オポチュニティプランや提案書作成に関わった人たちです。実施時期は、案件に関する記憶が薄れる前の、結果が出てすぐのタイミングで行います。提案メンバーで慰労会を兼ねて振り返るのもよいでしょう。この振り返りミーティングの目的は提案プロセスの見直しや、提案書作成の効率化です。

振り返りポイント

- オポチュニティプランやプロポーザルプランは効果的であったか？
- 提案内容は要件に対してどの程度適合できていたか？
- 提案内容は説得力を持っていたか？
- 我々の作成した戦略は正しかったか？
- 顧客、市場、競合に関する情報は正確だったか？
- マネジメントを早期から巻き込めたか？
- 提案チームのチームワークはうまくいったか？
- 提案書は顧客を惹きつける内容であったか？
- 提案書作成のスケジュールは適切であったか？
- 提案活動にかけた時間やコストに無駄はなかったか？

受注できた場合はそれまでの苦労が報われ、みんなで盛り上がって集まることができます。逆に惜しくも受注を逃してしまった場合は、振り返る機会を設けるのは気が進まないかもしれません。個人攻撃を受けてしまうのではないかと不安に思う人もいるでしょう。そういうときのために、ミーティングの進行を中立的に行う進行役（ファシリテーター）を立てることをおすすめします。ファシリテーターは、会議の目標に向かって議論が進行するように、交通整理をする役割です。プロポーザルマネジャーやこの案件をリードしてきた人がファシリテーターを担当するとよいでしょう。

　一般には、提案書を出した後に振り返る習慣を持つ組織はそんなに多くはないように思います。しかし、提案書作成の段取りが悪くて提出直前になって作業が集中してしまい、「次はこうならないように改善したい」と思っていたのに、提案書を提出し終わるとそのことを忘れてまた同じ繰り返しをしてしまった……ということはありませんか？　振り返りの時間を確保し、習慣化することをぜひ行ってください。次の案件に今回の学びを役立てることにより、組織全体での提案力を高め、持続的に勝てるチームに成長することができます。

2.2 顧客との振り返り

　顧客とのレビューミーティングもぜひ行いたいところです。ベンダー選定がなされた直後に行えればベストです。営業はミーティングまたは電話での振り返りを顧客に依頼します。
　このミーティングの目的は、今回の提案活動からの学びとともに、今後の商談の機会の創出や、顧客との関係性の強化を図ることにあります。

振り返りポイント

- 顧客のビジネスニーズをどの程度理解できていたか？

- 顧客の要件をよく理解できていたか？
- 要件に対して回答ができていたか？
- 戦略は正しかったか？
- 提示価格は顧客の予算にマッチしていたか？

社内へのフィードバック

　このレビューで重要なことは、顧客の声を社内の関係部署にフィードバックし、今後の提案活動での受注に活かすことです。提案活動は、顧客が抱える課題や悩みを直接聞けるまたとない機会です。顧客の問題解決に役立つ組織やプロセスに自社がなっているかどうか、確認できるよい機会なのです。

　提案活動から得られた顧客の声や、ベンダー選定時において顧客はどういう基準で発注先を選択したのか、自社が改善すべきポイントは何なのかを確認し、社内にフィードバックしましょう。

　社内での振り返りや顧客との振り返りの内容は、書類にして残します。それをもとに、承認ゲートでの意思決定に関係したマネジメントなどを集めて振り返り共有ミーティングを開く習慣をつくることができれば、より好ましいと思います。

3 経験を次に活かすために

3.1 資料を保存する

　提案活動が終ったら、これまでつくってきた書類は今後の参照に備えて保存しておきます。今後、類似した提案をする際に参照したり、受注後のプロジェクトへの引き継ぎ資料としても使えます。

保存しておくもの

- オポチュニティプラン
- プロポーザルプラン
- RFP等、顧客からの入手情報
- 提案書
- 見積書
- プレゼンテーション資料
- 振り返りミーティングの資料

再利用可能な素材を蓄積する

　RFP案件に対応していくつか提案書作成を経験すると、繰り返し同じような提案要求に応えていることに気づくと思います。そこで導入実績、類似案件の導入事例、製品紹介資料等は、繰り返し使えるように常備しておくとよいでしょう。

　再利用を目的として、社内で資料を共有する場合は、提出先顧客名や固有の情報が含まれないように、新たにつくり直して保存します。提案書は再利用を目的としてつくるものではありませんので、あくまでも繰り返し提出が

要求される要件の傾向を把握するために保存をし、共有は別に新たにつくったものを共有しましょう。

おわりに──本書のまとめにかえて

「提案」「プロポーザル」と聞くと、「プレゼンテーション」をイメージされる方が多いかと思います。この本をそういう期待を持ってお読みいただいた方にとってはだいぶ印象が違っていたのではないでしょうか。カタカナが多くて複雑に見えたかもしれません。また会社全体で仕組み化できないと実行は難しいなと思った方もいるかもしれません。確かに日本の企業と外資系企業とでは大きな違いがある面もあるでしょう。この本に書かれていることのすべてをすぐに取り入れるのは難しいかもしれません。

そこで、何か少しでも取り入れてみようかと思っていただけた方のために、とっかかりとしてやってみるための参考例にご紹介したいと思います。

個人の提案力を高めたい人に

FAB＋PD、エグゼクティブサマリ、一枚提案書などは、明日からの提案活動ですぐに使えるフレームワークだと思います。いずれの資料をまとめるにしても、スタート地点は相手のことを知ること。相手が大事にしていること、悩んでいることを突き止めるところからです。そしてその人に合わせてメッセージを伝えるというのがポイントです。ホットボタンをつきとめる分析にはオポチュニティプランのステップで情報を整理するとよいでしょう。

提案チームを束ねる人のために

プロポーザルプランは、一人で提案書を書く場合でも使えますし、複数の人と手分けをして提案書を書くような場合にはなおさら効果的だと思います。

一方、「しかるべきタイミングで承認を取る」「提案書のテンプレートはみ

なで統一しよう」「執筆者向けガイドを配布して統一感のある資料をつくってもらう」というようにさらっと書いてきましたが、実際のところ、そう簡単に人は動いてくれません。

　こうしたルールを社内に浸透させるには、個人でやっていては非常に難しいのが現実だと思います。組織で誰か旗振り役の人や担当者を任命して根気強くやり続けることが大事だと思います。あきらめないでやり続けるうちに、全体の効率が上がり始めるときがやってきます。私自身は、全社的に仕組みやガイドラインが共有されていた組織で専任であったことも、プロポーザルマネジメントを促進できた理由の一つであったと思います。旗振り役をし続けるなか、このような組織であったことが大変助かりました。

私自身の経験

　私は「提案に関するノウハウ、経験、リソースのハブになって営業やコンサルタントたちがもっとお客様と対話する時間をつくり出せ」という命を受けてプロポーザルセンターの立ち上げ担当に任命されました。

　当時は「営業やプリセールスでなければ提案書は書けない」「営業でもなく社内にずっといる人間が提案活動にどう貢献できるのか（できないだろう）」という見方が大半でした。そんな中、提案素材の整備やプロポーザルマネジメントプランの作成、そのテンプレート化などの小さいことから始めて、社内外のベストプラクティスを参考にしながら活動を続けてきました。

　日本では社内でも社外でも私と同じような仕事をしている人がおらず、組織と自分の提案力を高めるにはどうしたらいいのかわかりませんでした。そこで同じ会社の欧米の提案チームに尋ねてみました。欧米の同僚たちのプロフェッショナルな仕事ぶりに感銘を受けて、提案に特化した自己啓発の方法を尋ねたのです。そこで、APMPという組織があり、まだ日本支部はないようだけども入ったらどうかとアドバイスをもらったのがきっかけでAPMPに参加するようになりました。

1 APMPを活用した私自身の勉強方法

提案に従事する人のためのNPO「Association of Proposal Management Professionals（APMP）」は、ネットワーキングやプロフェッショナリズムの促進を支援している組織です。そこでは、提案領域におけるプロフェッショナルとしての知識や経験や実践を評価するための国際的な認定資格制度を設けています。ジョブ型が進む欧米企業では、この資格保有が採用や能力開発計画の条件として活用されています。2015年時点で60カ国に26支部でしたが、2025年時点では、79カ国、27支部、1万人以上の会員が、ローカル支部で資格取得に向けた勉強会やイベントを開催し活動しています。

アジア地域では、オーストラリアやインド支部の会員が多く在籍します（この書籍を出版したのちの2015年にAPMP日本支部を設立しました）。

私がAPMPに入会した時は、日本支部が存在しなかったため、時差のないオーストラリア・ニュージーランド支部のオンライン勉強会にインターネットを通じて参加していました。また、将来日本で支部を作りたいと当時から考えていたので、その時のために、オーストラリア・ニュージーランド支部を運営するチャプターリーダーにお願いをして、リーダーの定例会議に参加し、支部運営のやり方を学ばせてもらいました。その経験がのちに日本支部を立ち上げた際、運営に大いに役立ちました。

認定資格について

APMPでは、プロポーザルマネジメントの知識、実務での実行、または推進活動の度合いを評価する認定試験を設けています。すべて英語での受験となります。私はこの認定試験にチャレンジすることも兼ねて、本格的にプロポーザルマネジメントの勉強を始めました。まずテキストを取り寄せました。300ページ以上ある、厚さも3センチくらいある英語のテキストを、持ち歩けるように章ごとに少しずつコピーをして通勤電車や自宅での隙間時間に毎日読み進めていきました。英語はそれほど得意ではないため、辞書を引きながら理解を進めてきました。それほど得意でない英語でありながらも、

内容としてはまさに私の長年の疑問に答えてくれるものであり、集中力を切らさずに数ヶ月経ちましたが読み終えました。読破してすぐに、認定資格のFoundation（基礎）レベルをインターネット上の認定試験サイトで受験。無事合格しました。4択の選択テストでした。

メンター制度の活用

次のレベルの認定試験は文書による回答が要求されるもので、日本人の私にとっては若干ハードルが高く感じられました。そこで利用したのがメンター制度です。認定資格にチャレンジする人に、ボランティアで指導してくれるメンターがAPMPのサイトで紹介されていたのです。そのリストの中から、自分のメンターになってほしい人をプロフィール等から見つけ出し、メールで直接依頼。快諾していただけてアメリカ人の女性から指導を受けることになりました。

試験の内容は、APMPがプロポーザルマネジメントに必要と定義した100を超える能力要件に対して自分が満たしていることを回答するものでした。ワードで40ページ程度の回答文書をまとめ、メンターに添削をしてもらい提出。無事Practitioner（実務家）の認定が取得できました。

最後の試験はProfessional（専門家）レベルへの挑戦です。これは英語でのプレゼンテーションと質疑応答です。プロポーザルマネジメントのスキルを利用していかに組織に貢献しインパクトを与えたかを約20分のプレゼンにまとめました。評価者が日本にいないことから電話でヨーロッパの評価者に向けてプレゼンをしました。質疑応答も事前に備えておいたため答えることができ、その場で無事合格が伝えられました。このプレゼンや質疑応答についてもネイティブのメンターにメールを通じて指導をしてもらえました。

カンファレンスへの参加

APMPでは年に1度のカンファレンスを開催しています。全世界から会員が集まりプロポーザルマネジメントに関する勉強会や講演等を行っています。私はお世話になったメンターを頼りに単身参加してみました。そこで、

会社や国境を超えてもみな同じような悩みに直面していること、プロポーザルマネジャーは日本ではマイナーな職種ですが、世界には同じような職種の人が大勢いること、そしてみなで成長するためのナレッジを交換していることに大いに感銘を受け、日本でもこのような場を提供できたら、英語だと敷居が高いから日本語でやりとりする場をつくりたい、それが私の任務ではないか！　と思うようになり、日本で「teian-lab（提案ラボ）」という勉強会を立ち上げ、今年で4年となります。

　また、私を指導してくれたメンターから、「私があなたにしてあげたようなことを、あなたは日本でやりなさい」と別れ際に言われたことが印象に残り、私もそうしたいと思ったというのもあります。

2　teian-lab（提案ラボ）

　組織や会社を超えて、みながノウハウを持ち寄っているAPMPの活動に感銘を受けた私は、もっと気軽に、ゆるくつながりながら日本語で学ぶ場をつくりたいと思い、teian-labという小さな勉強会を立ち上げました。2ヶ月に1度くらいの無理のないペースで、四つの価値観「(1) 楽しみ楽しませる、(2) 今できることから貢献する、(3) がんばる人を応援する、(4) ゆるくつながる」を大事にしながらみなで活動してきました。この四つの価値観に共感してくれることが、勉強会への参加資格です。

　提案活動はそもそもどんな業種や職種にも必要なスキルであるのにどうして体系的に教えてくれる場や本がないのだろう。そんな場があったらいいのではないか。会社の枠を超えて、業界を超えて提案の経験を持ち寄ることで、自分たちの将来の顧客の思いを理解できるようになるのでは？
　……という期待を込めて、これまで活動してきました。他の業界や他の会社の人と交流して相手を理解することは、将来の顧客のホットボタンを理解することに通じるものがあると思います。teian-labでは、「もっと知りたい購買の気持ち」「思わず買いたくなるホットボタンの探り方」「RFPって何？　つくってみて理解しよう」「エグゼクティブサマリの書き方」等相手を理解

するようなテーマを取り上げたり、その他、「プレゼン力をアップする発声法」といった、APMPのテキストをときどき参照しながら持ち回りでプレゼンをしたり演習をしたりと楽しく、ほんわかした雰囲気の中、みなさんから学ばせていただきました。

3 グロービス経営大学院

　プロポーザルマネジメントという分野は、きっと日本の多くのビジネスパーソンにも役に立つのではないか？　その人たちのホットボタンに届くよう、その価値を伝えられるよう、知識をつけさまざまな立場の人を理解できるようになれたらという想いをもって日本で最も多くの学生数を有するグロービス経営大学院の門を叩きました。teian-labのMBA生版、「グロービス提案クラブ」も立ち上げ、共に学ぶ場を運営しています。この本の中には、グロービスでの学びから得られた気づきも盛り込みました。

　提案活動はどのような職種にも求められるスキルでありながら、そのやり方は共有されてきませんでした。みなさん手探りで、失敗をしながら学んでいるのだと思います。でもこういったオープンになっているノウハウを共有することで提案力を高める機会は得られます。

　何もないところからスタートするよりもまずはこの本でこういうものがあることを知っていただき、たたき台にして、これからみなさんの経験を持ち寄って、日本の提案活動に合ったもっとよいものに育てていけるようになれば嬉しく思います。

　すべての変革や創造は「提案」からスタートします。「提案」のスキルを高め、相手の心をつかむ提案ができれば、働く人が生き生きとし、新しい価値が世の中にどんどん生まれていくのではないか。そんな願いを込めて、ゆるくつながり学び合いながら、提案力を高める活動をteian-labを通じて行っていけたらと思っています（現在teian-labは解散しAPMP日本支部として勉強会活動を運営しています）。

APMP日本支部　　　https://www.apmp.jp

謝辞

　この本を書くにあたってさまざまな方にご協力いただきました。グロービス経営大学院教授 山口英彦先生、元グロービス出版局長 加藤小也香さんには、執筆のチャンスを与えていただきました。

　松田直樹さん、原昇司さん、石光直樹さんには、中身の構想や表現のアドバイスから最後の校正にいたるまで長きにわたり多大なるご協力をいただきました。teian-lab のみなさんからの学びを本書の内容に随所に取り入れさせていただきました。グロービス経営大学院の教員のみなさまには、骨格となる思考、マネジメントについてご教授いただきました。グロービス経営大学院の諸先輩方、同期、グロービス提案クラブの方々からは温かい励ましの言葉をたくさんいただきました。またこれまで共に提案活動に携わったすべてのみなさまには提案に関わる機会を与えていただき、本書の基盤となるたくさんの経験を積ませていただきました。みなさまのお力添えがなければ、この本をまとめ上げることができませんでした。

　これまで機会を与えていただいたすべてのみなさまに心より御礼申し上げます。ありがとうございました。

参考文献

『Proposal Guide』Larry Newman 著（APMP Accreditation Edition）
『MBA経営戦略』グロービス・マネジメント・インスティテュート著（ダイヤモンド社）
『MBAマーケティング』グロービス経営大学院著（ダイヤモンド社）
『法人営業　利益の法則（グロービスの実感するMBAシリーズ）』山口英彦、グロービス著（ダイヤモンド社）
『ノンデザイナーズ・デザインブック』Robin Williams 著／吉川典秀訳（毎日コミュニケーションズ）

APMP　http://www.apmp.org/

[著者]

式町久美子（しきまち・くみこ）
● 一般社団法人日本プロポーザルマネジメント協会代表理事
● 日本ヒューレット・パッカード株式会社にて法人営業の提案支援チームを立ち上げ、提案活動の生産性向上に従事。提案活動全般をマネジメントし組織提案力を高める「プロポーザルマネジメント」を体系化する国際的組織APMP（Association of Proposal Management Professionals）が認定する最上位資格を日本人で初めて取得。日本での普及を目的とした一般社団法人日本プロポーザルマネジメント協会を設立。『企業の「組織提案力」向上を通じて提案価値を最大化し人と組織が永続的に発展する社会をつくる』を理念とし、実現にむけた取り組みを行っている。

受注を勝ち取るための
外資系「提案」の技術
―― 日本人の知らない世界標準メソッド

2015年3月19日　第1刷発行
2025年6月13日　第4刷発行

著　者 ── 式町久美子
発行所 ── ダイヤモンド社
　　　　　〒150-8409　東京都渋谷区神宮前6-12-17
　　　　　https://www.diamond.co.jp/
　　　　　電話／03・5778・7233（編集）　03・5778・7240（販売）

装丁 ──────── 竹内雄二
本文デザイン ── 岸和泉
製作進行 ──── ダイヤモンド・グラフィック社
印刷 ──────── 勇進印刷（本文）・新藤慶昌堂（カバー）
製本 ──────── ブックアート
編集担当 ──── 真田友美

©2015 Kumiko Shikimachi
ISBN 978-4-478-03916-8
落丁・乱丁本はお手数ですが小社営業局宛にお送りください。送料小社負担にてお取替えいたします。但し、古書店で購入されたものについてはお取替えできません。
無断転載・複製を禁ず
Printed in Japan

◆ダイヤモンド社の本◆

あなたの話で人は動きますか？
社内外での日常的なプレゼンに効く一冊！

プレゼンの構成決め、原稿作成、スライド作り、練習・リハーサルのコツ。具体的でとにかくわかりやすい日本のビジネスシーンに合ったプレゼン法を紹介。

グロービスMBAで教えている
プレゼンの技術
人を動かす勝利の方程式

グロービス［著］吉田素文（グロービス経営大学院教授）［監修］

●A5判並製●定価（本体1800円＋税）

http://www.diamond.co.jp/